Andreas G

Horribilicribrifax

Andreas Gryphius: Horribilicribrifax

Berliner Ausgabe, 2013
Vollständiger, durchgesehener Neusatz mit einer Biographie des
Autors bearbeitet und eingerichtet von Michael Holzinger

Entstanden wahrscheinlich zwischen 1647 und 1650. Erstdruck:
Breslau (Treuschner), [1663]. Uraufführung am 08.10.1674,
Schultheater, Altenburg.
Textgrundlage ist die Ausgabe:
Andreas Gryphius: Horribilicribrifax Teutsch. Herausgegeben von
Gerhard Dünnhaupt, Stuttgart: Philipp Reclam jun., 1976
[Universalbibliothek Nr. 688].

Herausgeber der Reihe: Michael Holzinger

Reihengestaltung: Viktor Harvion

Gesetzt aus Minion Pro

Verlag, Druck und Bindung:
CreateSpace Independent Publishing Platform, North Charleston,
USA, 2013

Horribilicribrifax Teutsch

Scherzspiel

Dem Hoch- und Groß-Edel-gebohrnen / Erkornen

/Gestrengen / Mannfesten Herrn / Herrn

Horribilicribrifax,

von Donnerkeil / auff Wüsthausen.

Unvergleichlicher Camerade / beständiger und treuer Freund!

Meinen zu Defendirung seiner Ehre scharffgeschliffnesten und von Tag zu Tage bey nüchternem Morgen ausgeputzeten Degen zuvor: Jch befinde endlich / daß die Literatis sich den hochmüthigen Neid so tieff besitzen lassen / als iemahls wir / die wir unsere Lebentage Maestri delli Campi gewesen / uns unterstehen dürffen / diesen lieblichen Furias Quartier zu geben. Jch habe nunmehr ein paar douzine Jahre unserm weyland bekanten Freunde vor zwey und dreysig tausend Millionen gute Worte gegeben und geben lassen: umb die Beschreibung unser Vortrefflichkeit / So er vor längst / und zwar bloß von der Faust auffgesetzet / ad lucibus dies zu geben: aber bloß umbsonst! unangesehen er auch auff Ansinnen Illustribus Personibus darzu angehalten worden. Er hat aber alles / als wann er uns vor diesem nie durch ein zusprengtes Bolwerck angesehen / hochmüthig negligigeret: und ich weiß nicht was vor mirables excuses vorgewendet. Neulich aber habe ich meinen alten / nunmehr zimlich abgerissenen / und stets getreuen Major domo Signor Cacciadiavolo aus lauter impantienze zu ihm abgefertiget / und selbten mit instructiones genungsam habilibitiret: und durch selbten anhalten lassen / Er wolte nicht länger uns unser wolmerititirtes Lob mißgönnen: und die Totus mundus, welche längst die Zeitung unserer Wunderen Liebe / avanturados, und horribles choses zu wissen begehret / äffen und auffhalten: Hat sich ein unversehenes infortunium zu unserm besten erkläret. Sintemahl mein Signeur Magior Domo nach seiner hoch-desiderablen Wiederkunfft / prelatio bey mir / nach gebührender Complimentirung / abgeleget / und mich berichtet: Er hätte unsern vorweilen guten Patronium nach den und den tito verwichenen Monden nach Mittage um 3. Uhr angetroffen: und zwar / nach dem etliche Gentil huomini von ihm geschieden / vor welchen Er sich zimlich alterniret: were aber gleichwohl zu ihm eingetreten / da Er ihn dann noch unter vier oder fünff / dem Ansehen

nach / trefflichen Leuten gefunden: durch deren praesentiam er so
gleichsam chasmentiret, daß er nicht ein einiges Wort vorbringen
können. So bald ihn aber aus dem accantien seiner Wolredenheit und
der nunmehr langgetragenen leporie unser Freund erkennet; hätte er
ihn Humblementissime angenommen / demüthig angehöret / und statt
der Antwort mit einem grossen Bocale Wein / von Fino de Hungaria
bewillkommet / ihn zu sitzen execriret, und / propter Seriam, ad cras
beschieden; Jn dessen hätte er ihm nur müssen belieben lassen zu thun
/ was dem Wirthe gefallen. Mit welchem anwesende Chevalieers, dann
er müste gestehen al fe de Gentil houmine, daß sie mehr denn diesen
Tittulos verdienet / in unterschiedenen Redens Arten weitläufftig dis-
courssiret: und seiner Opinationum nach sollen sie wunderlich geredet
haben: bestund darauff / er hätte wohl etwas aber gar nicht multus
nimios verstanden: glaubete doch / es müste von enportanze gewesen
seyn / weil sie zuweilen Farouchè gesehen / zuweilen gelachet: Er hätte
sich in fremde Händel nicht mischen wollen noch sollen / wie er dann
von mir nicht apprendiret, weniger darzu instruxiret: Solte es aber zu
Weitläufftigkeiten kommen seyn / solte ich mich versichern / daß er
sich nicht wolte haben roubiginiren lassen: Jndessen hätte er ihm an-
gelegen gehalten / redlich bescheid zu thun / hätte auch iederzeit
denselben / der am eiferigsten geredet / mit einer brindisi besänfftiget
/ und also guten Frieden befördern und stifften helffen. Nach dem
nun auch diese ihren Abschied höchstfreundlichst genommen / wäre
er zwar zu der Abend-Mahlzeit / von weyland treuem Freunde / infi-
ciret worden; derer er auch beygewohnet: Weil ihm aber bereits von
der mühseligen Reise /und dem hochwichtigen vorgegangenen Dis-
courssus das Haupt schwer gewesen / wüste er nicht eigentlich zu
narriren, was bey gedachtem Souppe vorgegangen; ohne daß er ihm
die eigentliche reflexion machete / es wäre ein grosser gebratener Hase
auffgetragen worden: welches zweiffels ohn nicht so sehr meinem
Herren Ambassiadoren, als mir dem Primcali selbst gemeynet gewesen
/ bin aber mit dem Conspect vergnüget. Weiter wüste er nichts / als
daß er vor zwey Stunden devant my die aus einem sanfften Schlaff
auffgewecket / und alsobald zu unserm weyland lieben Patronium ge-
fordert / welcher ihn avec une horrible caprice vermahnet / Er solte
uns beyderseits in seinem Namen grüssen / uns ermahnen nunmehr
klug zu werden: der bagatellen uns zu äussern; und wo nicht auff Gott
/ doch auff unser Fictafium bey Zeiten zu dencken: Jhn wunderte /
daß wir die Thorheiten seiner Jugend von ihm begehreten / in welchen
doch nichts /als unsere eigene Schande zu lesen seyn würde. Ho! ho!
caspita! und weil mein lieber Getreuer vor Schrecken diese Worte nicht
so bald reprehendiren können; hätt er sie ihm so gar en les tablettes,
die er als gewesener Quartier-Meister / nach dem der Teuffel längst
die rothen Scharlach Hosen mit den Silbernen Galaunen geholet / ge-
dictioniret. Der Herr Bruder dencke /wie dem redlichen Kerlen bey

solchem Respect zu muthe worden: Weil er aber genöthiget / biß zu der Frühmahlzeit zu verharren / auch ihm die Liefer-Gelder indessen zu manciniren begonnen: Hat er sich eilends aus dem Gemache / und zwar in respiration einen Stoicidalischen Mord an sich zu begehen retteriret; Voila, aber was geschiehet: weil ihn das Schrecken in den Affterdarm catologiret: eilet er nach dem Ort / welchen man nur avec permission nennen darff: in welchem er denn / wegen vermeintlicher unglückseliger Ambassade, mehr durch die Nasibus und Oculis, als per derrire geweinet. Jn dem er sich aber etwas erholet / und nunmehr Stoff zu der Reinigung von ihm desseriret wurd; erblicket er einen Hauffen deschirez collutulez & de gutte pampieres, schwinget sich derowegen mit Freuden auff dieselben: und in dem ersten Grieff erblicket er meinen erschrecklichen Namen:

Jam Te-nos facimus Fortunus eam!

Er greiffet nach demselben / und findet das gantze Concept unserer Liebe und Deversation: ausser daß es per curiam temporis durch die übermüthige non chalance, unsers vorweilen Freundes hin und wieder Schaden gelitten / und was zuvor hätte gesaget werden sollen / in so einen verächtlichen Ort verworffen: in welchem es freylich längst / seinem Belieben und Willen nach / in tausend mahl tausend / ich darff nicht schreiben was / vergangen / wenn es nicht Tempum Genium und Fortunum, und die heilige Atropis, trotz aller Neid erhalten: Und dieses heist:

Qvàm saepe summa medio in culo latent.

Nach gefundenem so grossen Schatz küsset mein Don Cacciadiavolo dreymahl den Grund / auff dem es gelegen / verbirget dieses längst gewündschte Kleinod zwischen Fell und Hembde: isset demnach frölic mit dem / der nicht weiß / was vor eine Helenam ihm entführet: und bringet auff gebogenen Knien zu mir / was ich dir hiermit mit entblössetem Haupte stehend condicire:

Jch muß cunfidiren, daß in dem Roriginal aus Unachtsamkeit / wo nicht Neid und Mißgunst des Autoribus die letzte zwey Seiten verfaulet / aus welchen unsers Gegenparts Sempronius Testament abgecopiret gewesen. Jch habe aber dieses nicht sonders geachtet /weil dieser unser steter Feind gewesen / und derowegen die Orte so confect itziger Methodibus nach mit ***** bezeichnet.

Gehabe dich wohl / unvergleichlicher Camerade! Stirbest du eher / als ich: so vermache mir doch deine Netze: Winde / und deine kurtze Wehre / zu stetswährendem Andencken: Gehe ich voran; so bleib Erbe ex massa von meiner Partisane / die ich von dem ererbet / der jenem Hertzog zu Eger den Rest gegeben. Hiermit verbleibe ich

Meines unvergleichlichen Camerades /
Bruders / Freundes / und
Gevattern

Gegeben dieses
Jahr / an dem
Schalttage.

Obliganter biß in das Grab
Daradiridatumtarides Windbrecher /
von Tausend Mord /
auff N.N.N. Erbherr / in
und zu Windloch.

Jn diesem Schertz-spiel werden eingeführet als Redende:

Palladius.

Florian. Ein kleiner Jhm auffwartender Edelknabe.

Bonosus.

Cleander.

Dionysius, Sein Diener.

Selene. Eine hochmüthige / doch arme / Adeliche Jungfrau.

Antonia. Mutter der Selene.

Sophia. Eine keusche / doch arme / Adeliche Jungfrau.

Flaccilla. Mutter der Sophien.

Coelestina.

Camilla, Jhre Cammer Jungfer.

Eudoxia.

Don Daradiridatumtarides.
Don Horribilicribrifax. Zwey weiland reformirete Hauptleute.

Don Cacciadiavolo.
Don Diego. Diener des Daradiridat.

Harpax. Page des Horribilicribrifax.

Sempronius. Ein alter verdorbener DorffSchulmeister von grosser Einbildung.

Isaschar. Ein Jude.

Cyrilla, eine alte Kuplerin.

Die Pagen der Coelestina.

als Schweigende:

Das Frauen-Zimmer Coelestinae und Eudoxiae.

Die Pagen Coelestinae.

Die Diener Palladii: Bonosi: Cleandri.

Der Erste Auffzug.

Capitain Daradiridatumtarides Windbrecher von Tausend Mord. Don Cacciadiavolo, Don Diego, seine Diener.

DARADIRIDATUMTARIDES. Don Diego rücket uns den Mantel zurechte / Don Cacciadiavolo, Jch halte / daß das Ostliche Theil des Bartes mit der West Seiten nicht allzuwol überein komme.

DON CACCIADIAVOLO. Großmächtigster Hr. Capiten, es ist kein Wunder! die Haare der lincken Seiten sind etwas versenget von den Blitzen seiner Feurschiessenden Augen.

DARADIRIDATUMTARIDES. Blitz / Feuer / Schwefel / Donner / Salpeter / Bley und etliche viel Millionen Tonnen Pulver sind nicht so mächtig / als die wenigste reflexion, die ich mir über die reverberation meines Unglücks mache. Der grosse Chach Sesi von Persen erzittert / wenn ich auff die Erden trete. Der Türckische Kaiser hat mir etlich mahl durch Gesandten eine Offerte von seiner Kron gethan. Der weitberühmte Mogul schätzt seine retrenchemente nicht sicher für mir. Africa hab ich vorlängst meinen Cameraden zur Beute gegeben. Die Printzen in Europa, die etwas mehr courtese halten Freundschafft mit mir / mehr aus Furcht / als wahrer affection. Und der kleine ver-leckerte Bernhäuter der Rappschnabel / Ce bugre, Ce larron, Ce men-teur, Ce fils de Putain, Ce traistre, ce faqvin, ce brutal, Ce bourreau, Ce Cupido, darff sich unterstehen seine Schuch an meinen Lorberkränt-zen abzuwischen! Ha Ma Deesse! merville de monde adorable beauté! Unüberwindliche Schöne! unvergleichliche Selene! wie lange wolt ihr mich in der Courtegarde eurer Ungunst verarrestiret halten?

DON DIEGO. Signor mio illustrissimo! Mich wundert nicht wenig / daß ihr das Bollwerck von Selene noch nicht habt miniren können. Die Damosellen dieses Landes erschrecken / wenn sie euch von Spiessen / Schlachten / Köpff abhauen / Städte anzünden und derglei-chen discuriren hören. Sie meinen / daß ihr todos los Diabolos in der Vorbruch / wie die Schweitzer in dem Hosenlatz / traget. Mich dünckt Palladius richte mit seiner anmuthigen Courtesi weit mehr aus / als wir mit allen unsern Rodomontaden.

DARADIRIDATUMTARIDES. Palladius? Wenn er mir itzund begeg-nete / wolte ich ihn bey der äussersten Zehe seines lincken Fusses er-greiffen / dreymal umb den Hut schleudern / und darnach in die Höhe werffen / daß er mit der Nasen an dem grossen Hundsstern solte kleben bleiben.

DON CACCIADIAVOLO. Es were zu viel / daß er von solchen Ritter-mässigen Händen sterben solte. Wenn er uns gleich itzund in der furie begegnete / wolte ich ihm bloß in das Gesichte speyen / er würde Zweiffels ohne bald in Asch und Staub verkehret werden.

DARADIRIDATUMTARIDES. Behüte mich der grosse Vitzliputzli, was ist das? dort *Es erscheinet von ferne eine Katze.* sehe ich zwey brennende Fackeln uns entgegen kommen?

DON CACCIADIAVOLO. Holla! ins Gewehr! ins Gewehr! Die Nacht ist niemands Freund.

DARADIRIDATUMTARIDES. Ey last uns weichen! wir sind ausser unserm Vortheil und möchten verrätherlich überfallen werden. Jch wil nicht von mir sagen lassen / daß ich mich der Finsterniß zu meiner Victorie mißgebrauchet.

DON CACCIADIAVOLO. Bey der Seel des General Wallensteins / sie blasen zu Sturm.

DON DIEGO. Ey last uns stehen bleiben! sehet ihr nicht? es ist eine Katze / die also mit den Augen fünckelt.

DON CACCIADIAVOLO. Es mag der Beelzebub wol selber seyn.

DARADIRIDATUMTARIDES. Ho! ich bin vor ihm unerschrocken. Der gantze Leib zittert mir vom Zorn wie eine Gallart. Jch werde gantz zu lauter Hertze und kenne mich schier selber nicht / ich schwitze vor Begierde zu fechten. Voicus le bras qvi rompt le cours de destins de tous!

DON DIEGO. Des fous! und fähret vor Furcht aus den Hosen.

DARADIRIDATUMTARIDES. Was sagt Don Diego?

DON DIEGO. Jch sage / ihm reissen vor Ungedult zu warten die Hosen entzwey.

CAPITAIN DARADIRIDATUMTARIDES *zeucht den Degen aus.* Sa! sa! heran / heran / du seyest auch wer du seyst! je brave la main des parqves, ich habe wohl eher alleine dreissig mahl hundert tausend millionen Geister bestanden.

DON DIEGO. Minder eine halbe.

DON CACCIADIAVOLO. Wol was geraß ist dieses? *Der Nachtwächter beginnt zu singen / Jhr lieben Leute last euch sagen und dergleichen.*

DARADIRIDATUMTARIDES. Bey meinem adelichen Ehren / ich halte doch / es gehen Gespenster um. Was ists von nöthen / daß wir die Zeit so früh auff der Gassen zubringen. Herein / herein ins Gemach. Wer Unglück suchet / der verdirbet darinnen.

Antonia. Selene.

ANTONIA. Liebes Kind / es ist nicht ohn / ich bin deine Mutter / und wolte bey dir thun / was einer ehrliebenden Frauen und Mutter zustehet: Du bleibest aber auff deinem Kopff / und wilst gutem Rathe nicht folgen. Du weissest / unsere Mittel sind in dem Kriege zerronnen: Wir stecken in Schulden / und so es entdeckt wird / verlieren wir unser übriges Credit. Die Kleider / Perlen und Geschmeide / in welchen du herein gehest / gehören meiner Schwester / welche sie eher wird abzufordern wissen / als uns vielleicht lieb seyn möchte. Du weissest / daß wir über zwey gantze Hembde nicht in unserm Vermögen haben. Wer dich von oben besiehet / solte wol meinen / wir hätten den gantzen Spitze Kram von Brüssel erb-eigen. Wer aber etwas genauer auff uns acht giebet / wird wol erkennen / daß nicht alles Gold / was gleisset. Du bist nicht die Jüngste: unter den Schönsten wird man dich nicht verlieren: und ich weiß auffs beste / was hin und wieder an dir zu meistern: Auff Fürsten darffst du nicht hoffen. Das Küh- und Schaff-Fleisch gilt itzt schier mehr / als Jungfern Fleisch. Drumb siehe vor dich / und hilff dir und mir durch eine glückliche Wahl.

SELENE. Frau Mutter! wohl bedacht / hat niemand Schaden bracht. Jch muß mit dem Manne leben / nicht ihr. Es ist bald genommen / aber nicht so leicht davon zu kommen.

ANTONIA. Was mangelt Possidonio? Er ist reich / von hohem Anse-hen / im blühenden Alter / hat vornehme Freunde / stehet wol zu Hofe / und liebet dich von gantzer Seele.

SELENE. Ha! Frau Mutter / solt ich meine Zeit mit dem wunderlichen Kopffe zubringen? lieber hättet ihr mich in dem ersten Bade ertränckt.

ANTONIA. Man wird dir mahlen müssen / was dir tügen solle. Clean-der, der dich vor begehret / da er in geringerm Stande / wil dich ietzt nicht / da er gestiegen / durch einen zubrochenen Zaun ansehen. Was werden wir an Palladio zu tadeln haben? Du siehest / wie dessen Glücke zu blühen beginnst.

SELENE. Wohl Frau Mutter! weil es blühet / so mag es reiff werden! Gelehrte: Verkehrte. Ein Gebündlin Bücher / und ein Packetlin Kinder ist ihre gantze Verlassenschafft. Was kan eine Dame von Qualität vor contentament haben bey einem solchen Menschen? Des Morgens um vier / oder auch eher / aus dem Bette / und unter die Bücher / von dannen auff den Hoff / in die Kirche oder zu den Krancken. Sie träu-men an der Taffel / oder belegen die Teller wohl gar mit Brieffen. Den gantzen Tag / steckt ihnen der Kopff voll Mäusenester / und (was der Teuffel gar ist) wenn sie um 12. Uhr wiederum zu Bette kommen / so schlagen sie sich mit tollen Gedancken / machen Verse oder schicken die fünff Sinne gar in Ost-Jndien. Unsere alte wasche Magd / die schwartze Dorabelle, welche lange bey einem Königlichen Rath in Diensten gewesen / hat mich mit Eyd und Thränen versichert / daß eine Bauer-Greta viel besser sich auff dem Strosack befinde / als des gelehrtesten Mannes Frau auff Schwanen Federn.

ANTONIA. Sie sind nicht alle solche Träumer. Unsere Schwägerin Frau Sulpitia hat sich noch niemals beklagt: sie hat die Kasten voll / das Hauß beschicket / die Schüttboden versehen / die Keller sonder Mangel / die Küchen stets leuchtend. Da hergegen Frau Gertrud, die den reichen Wucherer geheyrathet / hunger stirbt / und mehr Maulta-schen als Krametsvogel von ihrem Mann auffressen muß.

SELENE. Dem sey so! ich wil vor mich von keinem Gelehrten wissen. Ein Land-Juncker stünde mir besser an.

ANTONIA. Der seine Hunde lieber siehet / und die grosse Vieh-Magd öffter küsset / als sein redlich Weib. Jch weiß / daß dir das Maul nach dem Narrenfresser / dem Auffschneider / Capitain Lügner / von der Bernhäuterey stincke.

SELENE. Warum / Frau Mutter / daß sie den redlichen Cavalier verkleinert? ich sehe nicht / warum ich ihm nicht günstig seyn solle; Er vermag bey 30000. contenten, weiß seine Person zu präsentiren, ist bey vornehmen Leuten berühmt und beliebet. Er – – –

ANTONIA. Er hat dir vielleicht Brieff und Siegel über sein Vermögen gegeben.

SELENE. Was solt er vor Ursach haben ein mehrers von sich außzugeben als sich in der That befinden möchte?

ANTONIA. Wer auff der Buler vergebenes Reichthum trauet / befindet sich in dem Ehestande mit leeren Händen.

SELENE. Nechst / als er uns in den Garten tractiret / war ja der gantze Tisch mit Gold und Silber besetzet. Er streuete Ducaten aus / als wärens Stroh- Thaler: Die Diamantene Hutschnur und das Gehencke sind allein ein zehn oder zwölfftausend Reichsthaler werth.

ANTONIA. Tochter / Tochter! ich sehe dein Verderben vor Augen.

SELENE. Frau Mutter! könnet ihr mir nicht helffen / so hindert mich auffs wenigste nicht an meinem Glück. Jhr werdet anderwerts erfahren müssen / was euch nicht lieb ist.

ANTONIA. Wehe den Eltern / die ihre Töchterlein zusehr in der Jugend verzärteln!

SELENE. Wehe den Töchtern / die nicht selber ihr bestes suchen / und es auff der wunderlichen Mutter Vorsorge ankommen lassen.

— Flaccilla. Sophia.

FLACCILLA. Ach mein Kind! wenn ich dich entweder nie gebohren hette / oder wenn du in meiner Schooß gestorben werest: wie vielem Hertzleid weren wir beyde zeitlich entkommen? was nützet aus hohem Geschlecht entsprossen seyn / wenn man nicht nur den Stand nicht führen / sondern auch das Leben nicht erhalten kan?

SOPHIA. Frau Mutter! es gehe so hart zu als es wolle; man bleibet dennoch nicht von GOtt verlassen.

FLACCILLA. Was wollen wir anfangen? womit wollen wir uns erhalten? alle Mittel sind hinweg: Dein Mannbares Alter erfodert einen Bräutigam: Der Mangel aller Hülffe schneidet dir alle Hoffnung ab: deine Tugenden sind an diesem Orte ungangbare Müntze: Die grossen Versprechungen / dich zu befördern / werden zu Wasser? der Princessin / die dich in ihren Hoff vor diesem anzunehmen gesinnet / ist bereits eine andere auffgedrungen.

SOPHIA. GOtt sorget dennoch für uns / und hat mehr als ein Mittel / die Seinigen zu erhalten.

FLACCILLA. Diese Worte füllen den Magen nicht / und tügen weder zu sieden noch zu braten. Wenn du jenem Edelman werest etwas besser an die Hand gegangen / oder noch gehen wolltest / es stünde bequemer um mich und dich.

SOPHIA. Ha! Frau Mutter / lieber das Leben verlohren / als die Ehre: lieber Hunger gestorben / als die Keuschheit hindan gesetzt.

FLACCILLA. Man muß aus der Noth eine Tugend machen. Solche grosse Worte stehen reichen Damen / nicht verlassenen Kindern / an. Wir haben zwey Tage sonder Kirchen Gebot gefastet / und wissen noch heute weder Brod noch Zugemüse. Wir haben nichts zuverkauffen / nichts zu versetzen / haben beyde kein gutes Kleid / und alles / was du an dem Leibe trägest / ist mit Nadeln zusammen gestecket / als die Schindeln auff einem Kirchen Dache mit den Nägeln. Wo du an den Wind komst / so wehet er dir alle Flecke von der Haut. Was Rath bey diesem Zustand?

SOPHIA. Ach / meine Mutter! warum mir nicht eher ein Messer durch die Brüste gestecket / als mich ermahnet von der Tugend abzusetzen? Jst kein ander Mittel zu leben / so lasset uns dienen! düncket euch diß in diesem Ort zu schändlich / so lasset uns einen unbekandten suchen!

FLACCILLA. Fleug Vogel sonder Federn! Wo wollen wir uns hinmachen sonder Zehrung? werden wir so bald für Mägde angenommen werden / wenn wir uns nur anmelden? wer wird nicht dein Gesicht in Verdacht ziehen / und genau nach unserm Zustand forschen? Jch weiß wohl mein Kind / daß ich wider GOtt / und Stand / und dich thue / in dem ich auff solche Gedancken gerathe / aber der / dem das Wasser biß an die Lippen laufft / muß lernen schwimmen. Hetten wir indessen nur auff einen oder zwey Tage Vorrath / so könten wir versuchen / ob und wie deinem Vorgeben nachzukommen.

SOPHIA. Wir haben nichts / als uns selbst zu versetzen oder zu verkauffen.

FLACCILLA. Auff dieses Pfand pflegt niemand nichts zu leihen / es verstehet sich zu geschwinde.

SOPHIA. Wohlan / ich habe noch etwas / daß ich ausser meiner Ehre wagen kan.

FLACCILLA. Du hast vielleicht einen verborgenen Schatz gefunden / und komst mir für / wie die Goldmacher / die in höchster Armuth von viel Tonnen Goldes zu reden wissen.

SOPHIA. Der Schatz ist offenbahr / ob er wohl nicht viel werth. Schneidet mir diese Haar von dem Haupt / und verkauffet sie irgens einer Hoff Damen.

FLACCILLA. Der Gewinn von dieser Kauffmanschafft wird so groß nicht seyn.

SOPHIA. Geringe Handelsleute müssen nicht gar zu grossen Gewinn hoffen. Löset mir die Flechten auff! Lasset uns hinein! denn die Noth leidet keinen Auffschub.

13

FLACCILLA. O höchste Tugend! wie unwerth bist du in diesem Armuth / und wie ungeachtet in diesem Elend!

Sempronius.

SEMPRONIUS. Αἰὼν πάντα φέρει, Sed omnia vincit Amor, Omnia, id est, omnes homines, & omnia pecora Campi, & nos cedamus Amori, saget das Wunder der Lateinischen Poeten Virgilius. Wer solte gegläubet haben / daß ich / der ich ein Wunder bin inter eruditos hujus seculi, und numehr meine fünff und sechtzig Jahr cum summa reputatione erreichet / mich auffs neue solte per faces atque arcus Cupidinis haben überwinden lassen? Ach Coelestina! ach Coelestina! tu mihi spes voti, tu mihi summus Amor, wenn ich deine rosenliebliche Wangen betrachte / werde ich verjünget / als ein ander Phoenix. Aber quid haec suspiria solus montibus & sylvis? Virgilius Ecloga 2. Warum greiff ich nicht zu Mitteln / und versuche / was zu erhalten. Hasce amoris mei interpretes Epistolas, Cicero ad Atticum, habe ich heute früh (Aurora Musis amica) mit höchstem Judicio & ingenio zusammen gesetzet / und warte nur auff Gelegenheit / ihr selbige durch ein bequemes subject, welches sie kenne / zu überantworten. Hir in der Nähe wohnet eine bequeme Frau die alte Cyrille, die sich gar gerne zu solchen Legationen gebrauchen läst / & nisi me fallit animus, so ist dieses ihr Hauß. Sed eccum, illa ipsa prodit, last uns hören in hoc angulo, was vor excursus sie vorbringen werde.

←*Die alte Cyrille. Sempronius.*

CYRILLA. Kätterle schleuß das Haus wohl zu / und wo die Braut kommt der ich rathen solte / so gib ihr das Wasser / wenn sie dir 3. Ducaten eingeliefert hat. Wird Don Diego nach mir fragen / so sage / daß ich in seinen Geschäfften ausgegangen bin. Es ist ietzt alles theur: die Welt ist gar auff die Neige gekommen: die Jungfern sind so geitzig / wie der Teuffel / und die junge Gesellen haben lauter lauter Nichts in dem Beutel. Es ist gar eine ander Welt / als da ich noch jung war: die Liebe ist gar gestorben. Nun muß ich gehen und sehen / ob ich heute was verdienen kan. Nu das walte / der es walten kan. Matthes gang ein / Pilatus gang aus / ist eine arme Seele draus. Arme Seele wo kommst du her? Ach das ist ein tröstlich Gebet!

SEMPRONIUS. Prolixam texit fabulam, interrumpam & alloqvar. Bona dies, bona Dies!

CYRILLA. Aus Regen und Wind / und aus dem feurigen Ring.

SEMPRONIUS. Bona dies, Cyrille.

CYRILLA. Was sagt Herr Jonipis, ô ja die is.

SEMPRONIUS. Ha! Bestia / verstehestu nicht was ich sage?

CYRILLA. Ja freylich bin ich die beste / es ist in der gantzen Stadt keine so redliche fromme Frau / Herr Criccronigs.

SEMPRONIUS. Ego appellor Sempronius.

CYRILLA. Ob ich Semmeln oder Honig ha? Ne Herr Grigories, ich verkäuffe nicht mehr Obst und Näscherey. *doesn't understand him being.*

SEMPRONIUS. Jch sage euch nicht von Semmeln oder Honig / sondern wündsche euch einen guten Morgen.

CYRILLA. Dem wird der Engel Uriel nehmen sein Horn / und blasen drein Tit titu.

SEMPRONIUS. Was murmelt ihr?

CYRILLA. Jch bete ein tröstlich Gebet vors Feber und böse Wetter.

SEMPRONIUS. Seponamus ista.

CYRILLA. Ob ich Seiffe haben müste. Ja freylich lieber Herr Procrecriis. Die Wäsche kost viel Geld / man muß vor ein Muderhemdlin einen guten Groschen geben.

SEMPRONIUS. Ey lasset uns diß beyseite setzen! höret nur / ich sage euch ἀληϑῶς, purè. *thinks he's called her a whore.*

CYRILLA. Da soll euch der Teuffel dafür holen / sagt ihr / daß ich eine alte Hure bin? das kan mir kein redlicher Mann mit gutem Gewissen nachreden / du alter graubärtiger ungehangener Dieb / du darffst mir nicht viel / ich gäte dir den Bart aus.

SEMPRONIUS. Ey / ihr verstehst mich nicht redet / ich rede Griechisch und Lateinisch ἀληϑῶς purè.

CYRILLA. Saget mir nicht mehr von der alten Hure oder ...

SEMPRONIUS. ἀληϑῶς, purè, das heist in der Warheit / ich weiß doch wohl / daß ihr eine redliche Frau seyd; die gantze Stadt haud negat.

CYRILLA. Daß ich mirs Haupt gebadt / was gehet der gantzen Stadt daran ab.

SEMPRONIUS. Surdo narro fabulam.

CYRILLA. Ey Herr / redt doch kein Polnisch mit mir / ich versteh euch nicht.

SEMPRONIUS. Jch rede nicht Polnisch / ich rede Lateinisch.

CYRILLA. Ey ihr seyd ein Doctoribus, und ich bin nicht studiret, wozu dienet der Lateinische Unrath?

SEMPRONIUS. Quid Gallo margaritam? *thinks she's talking about food...*

CYRILLA. Ja im Keller ist Margrite.

SEMPRONIUS. Eine Sau fragt nicht nach Muscaten.

CYRILLA. Muscaten in warm Bier sind gut vor die Mutter-Kranckheit.

SEMPRONIUS. καλῶς με ὑπέμνησας.

CYRILLA. Ja wenn ich kalt aaß / so nisete ich.

SEMPRONIUS. καταγέλας μου.

CYRILLA. Ja die geele Kuh!

SEMPRONIUS. Ey nun ad rem tandem.

CYRILLA. Redet ich hab es verstanden.

SEMPRONIUS. Höret Frau Cyrille, ihr könnet mir übermassen beför-
derlich seyn in einer Sachen / welche ist Grandis momenti.
CYRILLA. Scheltet ihr von gotz Elementen? je Herr / es ist grosse
bittre Sünde.
SEMPRONIUS. Grandis momenti / heist eine Sache von Wichtigkeit.
ἀλλὰ ταῦτα ἐάσωμεν.
CYRILLA. Ja so meent ihr?
SEMPRONIUS. Nein doch! planè non!
CYRILLA. Jch bin keine Nonn.
SEMPRONIUS. Höret doch recht zu!
CYRILLA. Ey Herr / so müst ihr reden / daß ich es verstehen kan.
SEMPRONIUS. Jhr kennet Jungfrau Coelestinam wohl / nostin'?
CYRILLA. Herr / sie wohnt nicht gegen Osten / es ist gerade gegen
Mittag.
SEMPRONIUS. An dieselbe habe ich einen Brieff von Importantz zu
bestellen.
CYRILLA. Habt ihr mit derselben einen Tantz zubestellen?
SEMPRONIUS. Jch sage / daß ich ihr hanc Epistolam, diesen Brieff /
gerne zustellen wolte.
CYRILLA. Aber ist dieser gestolne Brieff vom Tantzen?
SEMPRONIUS.. Doch / er ist nicht vom tantzen / er ist vom lieben.
CYRILLA. Aber wer hat den Brieff geschrieben?
SEMPRONIUS. Ego.
CYRILLA. Jch kenne den guten Mann nicht.
SEMPRONIUS. σχεδόν, das ist / ich in eigner Person.
CYRILLA. Jhr Gelehrten habt wunderliche Nahmen. Aber stehet in
dem Brieffe / daß ihr Jungfer Coelestinam liebhabt?
SEMPRONIUS. Divinavit.
CYRILLA. Die Jungfer hält nichts vom König David.
SEMPRONIUS. Meine wehrteste Zierde! redet mein bestes / was ihr
in meinem Hause begehren werdet / das ist alles euch zu Dienst. Tua
sunt, posce.
CYRILLA. Wie sprechet ihr / Pfui Hund / huste? Herr Cecronius
werdet ihr meine Jahre auff dem Halse haben ihr werdet genung husten.
SEMPRONIUS. Jch sage darvon nicht / ich bitte / ihr wollet meine
Sache bey Jungfrau Coelestina befördern / und ihr diesen Brieff de
manu in manum überantworten.
CYRILLA. Ha / ha / nu merck ich / wo der Hase liegt. Für wen seht
ihr mich an? vor eine alte Kuppelhure? Solt ihr mir diß anmuthen?
was hindert mich / daß ich nicht anfange Zeter zuruffen / muß ich
diß auff meine alte Tage erleben? Ha! a! a! a! a! a!
SEMPRONIUS. Ey Frau Cyrilla was bildet ihr euch ein? Meinet ihr /
daß ich solche Sachen fürhabe? aliter catuli olent, aliter sues, sagt
Plautus. ἄλλο κορώνη φθέγγεται.
CYRILLA. Was? soll ich mich an Hals hängen?

SEMPRONIUS. Ey nein doch / Jch bin ein ehrlich Mann / und ihr eine ehrliche Frau / und habe etwas ehrliches für / beschweret euch nicht mir in dieser Sach behülfflich zu seyn. Jhr dürffet derowegen in euren Geschäfften nichts versäumen / und schauet / um daß ich euch den Morgen auffgehalten habe / und vielleicht verhindert / so nehmet diese zwey Ducaten / accipe. *changes tune when he offers £.*

CYRILLA. Ach in Warheit Herr Kikilorius, ihr seyd ein lieber redlicher Herr / ihr sorget allein für das liebe Armuth. Euch zugefallen will ich gern den Gang auff mich nehmen. Einem andern thäte ichs bey meiner Seelen nicht. Wo habt ihr euren Brieff? *How will she get in?*

SEMPRONIUS. Dieser ists. Wie wolt ihr aber in das Hauß kommen / quis recludet tibi Januam, wer wird euch das Schloß eröffnen?

CYRILLA. Kümmert euch nicht / kümmert euch nicht! last mich nur machen; Frauen List / über alle List. Jch will Flachs oder Schleyer Leinwand hin zuverkauffen tragen / oder schon sonst was erdencken.

SEMPRONIUS. Bringet ihr mir gute Antwort wieder / so sollet ihr einen neuen Rock haben / und solt gekleidet werden à vertice ad talos.

CYRILLA. Viertzig Thaler die sind gut mit zu einem neuen Rock. Nu / nu Herr Senckelhorius / es wird sich wohl schicken; Jch gehe gleich drauff zu.

SEMPRONIUS. Darauff verlasse ich mich. Vale basilicè, athleticè, pancraticè, ἔρρωσο εὐδαιμόνως, das heist / guten Morgen.

CYRILLA. GOtt der HErr bewahre euch. Das ist ein gut Glück gewesen: Der Segen hat geholffen: es war doch in einem Wege mit zu Jungfer Sophien. Nu last uns weiter: Die heilige Sanct Margritte / die bitt ich / daß sie mich behüte / für Püffen / Fallen und vor Schlägen / auff allen meinen Wegen. Ach du lieber heiliger Sqventz, bewahre mir Hüner und Gäns.

She takes letter from him.

Die andere Abhandelung.

Horribilicribrifax Donnerkeil. Harpax sein Page.

HORRIBILICRIBRIFAX. WAs? daß der Keyser Friede gemacht habe sonder mich um Rath zu fragen? Oh gvarta! novella de spiritare il mondo! PAGE. So sagen sie / daß der Keyser Frieden gemacht habe mit dem König in Schwaben.

HORRIBILICRIBRIFAX. Mit dem König in Schweden wilst du sagen?

PAGE. Ja Schweden oder Schwaben / es ist mir eins.

HORRIBILICRIBRIFAX. Friede zu machen sonder mich? a qvaesto modo si! hat er nicht alle seine Victorien mir zu dancken? hab ich nicht den König in Schweden niedergeschossen? bin ich nicht Ursach / daß die Schlacht vor Nördlingen erhalten? habe ich nicht den Sachsen sein Land eingenommen? hab ich nicht in Dennemarck solche reputation eingelegt? was wer es auff dem Weissen Berge gewesen / sonder mich? E che fama non m'acquistai, quando contesi col Gran Turca? Pfui! trit mir aus den Augen / denn ich erzürne mich zu tode / wo ich mich recht erbittere / Vinto dal ira calda e bollente e dallo sdegno arrabiato, so erwische ich den Stephans-Thurm zu Wien bey der Spitzen / und drück ihn so hart darnieder / si forte in terra, daß sich die gantze Welt mit demselben umkehret / als eine Kegel-Kaul.

PAGE. Ey / Signor mio. wo wolten wir denn stehen bleiben?

HORRIBILICRIBRIFAX. Non temere! Als wenn sich iemand kümmern dürffte / der bey mir stehet! laß mich darvor sorgen! aber / siehe da / meine Sonne! mein Leben! meine Göttin erscheinet. Signora mia, bella di corpo, bellissima d'animo!

Coelestina. Camilla. Horribilicribrifax. Der Page.

COELESTINA. Jsts möglich Camilla, daß so inbrünstige Liebe / die ich zu ihm trage / müsse vergebens seyn? oder ist er aus allen löblichen Gemühtes Neigungen der einigen nicht fähig / welche man die Gegen-Liebe nennet? Muß ich / die ich vor diesen vielen bin unerbittlich gewesen / nun erfahren / daß ich von dem nicht geachtet werde / den ich höher halte / als mein Leben?

CAMILLA. Wenn er seine Gedancken anderswo hingesetzet / wie können wir ihn bewegen / nach uns zu sehen?

COELESTINA. Seine Gedancken anderswo hingesetzet? wird Er wohl mehr auffrichtige und reinere Liebe finden können / als bey mir?

CAMILLA. Warum nicht eben also / wie er gespielet? Solte ich mich wegen eines Menschen so hefftig kräncken / dem ich unwerth / oder der nicht so viel Verstand bey sich hat / als nöthig / eine keusche Gewogenheit zu erkennen?

also using other languages

COELESTINA. O wiewohl können wir Rath geben / wenn wir selber gesund seyn!

CAMILLA. Still meine Jungfrau! der Hauptmann ist verhanden.

COELESTINA. Jch habe diesen Tag ein gewisses Unglück zu verhoffen / weil mir der Vogel zu erst entgegen kommt.

HORRIBILICRIBRIFAX. Nobilissima Dea, Cortesissima Nimfa. Ochio del mondo. Durchleuchtigste unter allen schönen; berühmteste unter den fürtrefflichsten / übernatürlichste an Vollkommenheit / unüberwindlichste an Tugenden / euer unterthänigster Leibeigner Sclav', der durch die Weltberühmete Capitain Horribilicribrifax von Donnerkeil / Herr auff Blitzen und Erbsaß auff Carthaunen Knall / präsentiret / nebenst Verwündschung unsterblicher Glückseligkeit / seiner Keyserin bey angehendem Morgen seine zwar wenige / doch jederzeit bereitwilligste Dienste!

COELESTINA. Mein Herr Capitain, er muß uns so gewogen nicht seyn / wie er vorgibt / sintemahl er uns so bald den Tod wündscht.

HORRIBILICRIBRIFAX. Den Tod? La morte? Io rimango petrificato dalla meraviglia! Ey da behüte mich der Blitz von diesem glorwürdigsten Degen für dergleichen Gotteslästerung! _she understands_

COELESTINA. Er verwündschte uns unsterbliche Glückseligkeit.

HORRIBILICRIBRIFAX. Certo si. Nicht anders.

COELESTINA. Selbige erlangen wir / wie ich weiß in dem ewigen Leben. Dazu aber können wir nicht eingehen / als durch den Tod.

HORRIBILICRIBRIFAX. Meine schöne ist unüberwündlich so an Scharffsinnigkeit / als Schönheit. Quella fu buonissima e sapientissima dimostratione!

CAMILLA. Mein Herr Capitain liebet meine Jungfrau mit diesem Bedinge / daß sie bald sterbe: so würde er Erbe ihrer Güter / und theilete den Raub aus. _loves her so long as she'll die & he'll inherit_

HORRIBILICRIBRIFAX. Ha Jungfrau Camilla, also mit mir zu spotten? il vostro fù un ragiona troppo mordente. Sie kennet mein auffrichtig Gemüthe / und weiß / wie fest ich in Liebe gegen meine Englische Coelestinam verbunden stehe. Wenn mich nicht ihre Gegenwart allhier auffhielte / hätten die Venetier längst den Türcken durch mich aus Constantinopel vertrieben.

COELESTINA. Mein Herr Capitain, wir entschlagen euch dieses Arrests, des gemeinen Bestens wegen. Wir wollen nicht Ursach seyn / daß so eine schöne Gelegenheit das Christenthum zu befördern hindan gesetzet werde.

HORRIBILICRIBRIFAX. Fermate vi in cortesia & ascoltate mi per vostro bene, Anima mia! Meine himmlische! wil sie ein Probstück meiner Stärcke sehen / sie sage nur ein Wort / ich wil eine grössere That verrichten / als die Victorie vor Lepante auff der See gewesen.

COELESTINA. Hat sich mein Herr Capitain auch bey selben so berühmten Treffen befunden?

19

HORRIBILICRIBRIFAX. Jch war damahls des Don Gionanne, Austria Luogotenente.

COELESTINA. So muß mein Herr eines ziemlichen Alters seyn / weil dieselbe Victori noch vor unser Großväter Zeiten erhalten ist?

HORRIBILICRIBRIFAX. Ey es ist so lange nicht / ich bin noch Assai Giovane e Galant huomo gagliardo, robusto e di buona natura, um sie meinen Engel zu bedienen!

COELESTINA. Mein Herr Capitain, Jch bin so grosser Ehren nicht würdig.

HORRIBILICRIBRIFAX. Meine Princessin / unico spechio di bellezza, Regina de gli astri, miraculo de i cieli, & honor della natura, wil sie Keyserin von Trapezont, Königin von Morenland / Fürstin von Egypten.

CAMILLA. Churfürstin von neu Zembla, und Gräfin von Nirgendsheim.

HORRIBILICRIBRIFAX. Anzi Hertzogin über Persen genennet werden? sie gebiethe! all diese Kronen sollen inner einem Monat / drey Tagen und zwey Stunden / und vielleicht in qvaesto giorno, zu ihren Füssen liegen.

COELESTINA. Mich wundert / Herr Capitain daß er nicht selbst für sich etliche aus gedachten Königreichen in Besitz genommen!

HORRIBILICRIBRIFAX. Ha! l'Honore e l'Avaritia non possono star insieme! Jch bin allein vergnügt mit meinem Glück und Degen / als mit welchem ich alles kan zuwege bringen.

CAMILLA. Das ist gut / daß man alles kan darmit zuwege bringen: unser Koch weiß sonsten aus Degen keine Pasteten zu machen.

COELESTINA. Uns genüget / Herr Capitain an unserm Stande.

HORRIBILICRIBRIFAX. Finalmente: wil meine Göttin sich anbeten lassen? sie wincke nur / sie soll mich stracks mit dem güldenen Rauchfaß für ihr auff den Knien sehen.

CAMILLA. Der Herr Capitain hält meine Jungfrau für eine heilige auff dem Altar einer Kirchen.

HORRIBILICRIBRIFAX. Für eine Heilige in meinem Hertzen / non è cosa più chiara, wil sie / daß ich ihr zu Ehren auff der Spitze eines Dachs nach dem Ringe reite?

COELESTINA. Jch liebe meines Herrn Gefahr nicht.

HORRIBILICRIBRIFAX. Wil sie / daß ich einen grimmigen Löwen im vollem Lauff erwische / und ihm in ihrem Angesicht den Hals abreisse. Cosi sarà per certo.

CAMILLA. Hasen / Herr Capitain, weren besser.

COELESTINA. Einen Löwen / Herr Capitain, solte diß wohl möglich seyn?

PAGE. O / mein Herr hat wol grössere Thaten verrichtet; wenn ich erzehlen solte / was er einmahl auff der Jagt mit dem König in Persen zuwege gebracht; es würde weit anders lauten.

CAMILLA. Ey ein schönes Paar zusammen! so Herr / so Knecht!

COELESTINA. Lieber / last uns hören / was es für eine Helden-That gewesen!

HORRIBILICRIBRIFAX. Ob ich wohl in meiner Gegenwart mich ungern rühmen lasse / auch meine Diener derowegen nicht halte / dennoch weil es mein Engel zu wissen begehret / geb ich dir Freyheit dieses zu erzehlen. dite purè.

PAGE. Der König hatte die Ehre meinen Capitain neben sich auff die Jagt zu führen. Das Wild wurd angetroffen / die Jäger eileten so hir als dar zusammen / der Perß aber traff auff einen sehr grossen Hirschen. Mein Herr verfolgete denselben nebenst dem Könige: Doch umsonst / weil er zu hurtig auff die Füsse / und die Pferde allbereits zu müde. *talks of an impressive hunting trip*

CAMILLA. O weide Messer! O Jägerrecht!

PAGE. Als der Perß etliche Pfeile vergebens abgehen lassen / ergrimmte mein Capitain, daß er das Jägerhorn von seinem Halse rieß / und mit demselben nach dem Hirschen warff.

CAMILLA. Damit wird er ihm zweiffels ohn das Gewichte in Stücken zerschmissen haben.

PAGE. Gefehlt Jungfrau Camilla! Denn das Horn flog just dem Hirsch zum Hindern hinein / und weil das Wild in vollen Fartzen war / gab es so ein wunderlich Getöne / daß alle Hunde herzu gelauffen kamen / und den Hirschen anhielten / also ward das Wild gefället.

made sound like horn from behind

Coelestina und Camilla fangen an zu lachen.

HORRIBILICRIBRIFAX. Du ungehobelter Galgenschwengel / Cane odioso! Furfante! Scimia di Barbaria, solst du deinen Herrn also schimpffen!

COELESTINA. Ey Herr Capitain, er erzürne sich nicht.

HORRIBILICRIBRIFAX. Wenn ich nicht meines Lebens Einrede gelten liesse / so wolte ich dich / al primo colpo, mit dem Stabe zwölff Ellen tieff in diese Mauren jagen / daß nichts von dir hier / ohn der rechte Arm / zusehen seyn solte mit welchem du den Hut abziehen köntest / wenn mein Engel etwa vorüber gienge.

COELESTINA. Herr Capitain, ich bitte um Verzeihung / daß ich ihm für dieses mahl nicht länger Gesellschafft halten kan. *can't stay long*

HORRIBILICRIBRIFAX. Meine Schöne wird zum wenigsten mir zulassen sie zubegleiten. Sò che lo potete fare, per la commodita mia.

COELESTINA. Für diesesmal bitte ich zum höchsten um Entschuldigung.

HORRIBILICRIBRIFAX. Adio dann wenn es ja nicht anders seyn kan / mein Engel / Adio meine Göttin / Adio mein Auffenthalt / Adio mio bene, adio mia gloria, adio donna Celeste! adio!

COELESTINA. GOtt lob / daß wir des verdrüßlichen Menschen loß worden!

CAMILLA. Könt auch iemanden seines gleichen in dem Traum vorkommen?

COELESTINA. Diß ist unerträglich / daß er nicht verstehen will / daß weder Gunst noch Liebe für ihn zu finden sey. Trit zurück! Palladius ist vorhanden! O daß nu meine Augen reden könten.

CAMILLA. Es ist doch vergebens! Meine Jungfrau ist bey ihm in so grossem Ansehen / als ich bey dem Printzen von Peru.

COELESTINA. Jch hoffe durch Standhafftigkeit meiner Liebe ihn zugewinnen.

PALLADIUS. Jn dem ich mich auffhalte und bemühe andern zu rathen / vergesse ich meiner selbst. Herr Possidonius hat mir schier die Zeit gantz zu nichte gemacht / welche ich viel lieber mit dieser zugebracht hätte / welche meine Seele gefangen hält. Doch was versäumt / ist nicht wieder zu holen! Jch wil nur bald zu ihr mich begeben / ehe mir ein ander Hindernüß vorkommen möchte: aber schau / von dem Regen in die Trauffe! Coelestina kommet mir so recht entgegen / als wenn sie bestellet were / mir etwas in den Weg zulegen. Was thu ich nun? kehr ich um? diß solte zu rauhe scheinen. Jch wil nur fürüber / und sie mit kurtzen Worten abfertigen. Der Jungfrauen meine Dienst!

COELESTINA. Ach mein Herr Palladi, wie ist er so freygebig mit Dienst-Anbittungen / und so fest mit der Liefferung!

PALLADIUS. Was ich der Jungfrauen versprochen / und verspreche / bin ich stets willig zu leisten / ob mir wohl bewust / daß ihr an meinen geringschätzigen Diensten wenig oder nichts gelegen.

COELESTINA. Die mag sich wohl seelig schätzen / welche seiner Dienste geniessen kan. Jch selbst wolte mir für die höchste Ehre achten / mit derselben umzugehn / so würde ich vielleicht ihrer Glückseligkeit in etwas theilhafftig.

PALLADIUS. Die Jungfrauen halten für ihre Lust / mit uns ein wenig zu schertzen / und wir für unsere Ehr / von ihnen umgeführet zu werden.

COELESTINA. Und mein Herr Palladius für seine Ergetzligkeit mit uns zuspotten.

PALLADIUS. Bey mir ist Hertz und Zunge in guter Vertreuligkeit. Sie reden beyde eine Sprache. Jch bitte um Verzeihung / höchstwehrteste Jungfrau / daß ich dieselbe in ihren Gedancken verstöret; und befehle mich in dero stetsblühende Gewogenheit.

COELESTINA. Ey Herr Palladi, er eile doch nicht so hefftig! befiehlet er sich in meine Gunst / und wil mir seine Gegenwart nicht einen Augenblick vergönnen

PALLADIUS. Jch fürchte der Jungfrauen durch mein unnützes Geschwätz beschwerlich zu seyn / und dadurch ihrer Gunst gantz entsetzet zu werden.

COELESTINA. Jch wil ihn versichern / daß er die Gunst / die ich zu ihm trage / nimmermehr verlieren kan! So wenig / als ich die jenige die er zu mir trägt!

PALLADIUS. Jch verstehe nicht / was für ein Geheimnüß hinter diesen Worten stecke.

COELESTINA. Der Herr sage: er wolle es nicht verstehen. Diese Gunst / die ich zu ihm trage / zu verlieren ist mir unmöglich / weil sie zu tieff in mein Hertz eingewurtzelt: Seine gegen mir kan er nicht verlieren / weil er sie noch niemals gehabt.

PALLADIUS. Wie solte es denn meine Gunst seyn / wenn ich sie niemals gehabt hätte.

COELESTINA. Er hat Gunst genug / aber für eine / die derselben nicht würdig ist.

PALLADIUS. Wenn sie gegenwertig were / wolten wir sie darüber vernehmen: unterdessen erkenne ich noch / daß ich Jungfrau Coelestine Gunst niemals würdig gewesen: nichts weniger wil ich mich bemühen selbige zuverdienen / und verbleibe der Jungfrauen stetswilligster!

COELESTINA. Noch ein Wort / Herr Palladi.

PALLADIUS. Die Jungfrau verzeih / ich seh daß eine Person sie ansprechen wil! Sie fahre wohl.

COELESTINA. Wie kaltsinnig zeucht er darvon.

Ach! Camilla, Camilla, wie schmertzlich ists auff unfruchtbaren Sand säen!

CAMILLA. Sie liebe / was sie liebet / und lasse fahren / was nicht bleiben wil.

Die alte Cyrilla.

DIE ALTE CYRILLA. Deus meus. der heilige Sanct Andereus! beschere uns ein gutes Jahr / und guten Abgang zu meiner Wahr / Amen. Hodie tibi, cras sibi, Sanct Paulus, Sanct Bartholomeus, Die zween Söhne Zebedaeus, der heilige Sanct Wenzel / und der Seelige Stenzel, die seyn gut vors kalte Weh / und behüten für Donner und Schnee. Nu / ich bin bey Jungfer Sophien gewest / und habe Vögel gesucht in einem leeren Nest: Die wil nichts von Don Diego wissen und hören. Wenn ich so schöne wär / als sie / ich wolte meiner Zeit besser warnehmen: es käme doch hernach ein einfältig Schaaff / daß mich unter der Musterung durchgehen lisse. Nun wir woln sehn / wies bey Coelestinen gehen wird. Sie ist schöne / sie ist reich / sie ist jung / und schoffert allein in ihrem Kopff. Nach dem alten Ceremonigis wird sie wohl nicht sehen / wo nicht seyn Geld was zu wege bringt. Doch / die Liebe ist blind / und fällt wie die Sonne / so bald auff eine Grase Mücke / als

23

auff ein liebes Kind. Last sehen! hier wohnt sie: ich wil anklopffen. *Sie klopfft.*

Camilla. Coelestina. Cyrilla.
Die Pagen und Gesinde von Coelestina.

CAMILLA. Wer klopfft?
CYRILLA. INRI. Memnentau mauri.
CAMILLA. Wer klopfft?
CYRILLA. Ein gute Freundin / liebe Jungfer.
CAMILLA. Verziehet / ich thue auff. Was bringet ihr / Frau Cyrilla?
CYRILLA. Nicht gar zu viel Jungfer Simille. Jst Jungfer Coelestine nicht anzutreffen?
CAMILLA. Habt ihr etwas anzumelden?
CYRILLA. Jch habe etliche Stücke schöne Spitzen zu verkauffen.
CAMILLA. Jch wil sie herausser fodern.
CYRILLA. Geht / geht / geschwinde geht / liebes Kind! Die heilgen sieben Planeten / die trösten uns in allen Nöthen! Haccus, Maccus, Baccus, die heiligen Wort / die bewahren uns in allem Ort!
COELESTINA. Willkommen Frau Cyrilla! was bringet ihr uns guts neues?
CYRILLA. O liebes Kind! ach eure Mutter war eine fromme redliche Frau! O GOtt sey ihrer Seelen genädig! O was hat sie mir guts gethan! ihr gleicht ihr so eben / als wenn ihr ihr auß den Augen geschnitten wäret. O liebes Kind! liebes Kind! welch eine gute Zeit war damals.
COELESTINA. Weinet nicht / weinet nicht / Frau Cyrilla.
CYRILLA. Seht es ist nu alles theur / man kauffet ein Stein Flachs um einen Thaler / den man da um achtzehn gute Groschen kriegte.
COELESTINA. Man hat mir gesagt / ihr brächtet was zuverkauffen. Wolt ihr uns nicht euren Kram sehen lassen.
CYRILLA. O ja: gar gerne. Harret nur / ich wil die Brillen auff setzen. Denn sehet / ich bin etwas übersichtig und habe trieffende Augen! Seht / wie gefallen euch diese Spitzen? es ist recht Brabandisch Gut.
COELESTINA. So mässig! habet ihr nur dieser Gattung?
CYRILLA. Nein / ich habe noch unterschiedene: das Hertzgen / zwey Hertzgen / das Hertzgen mit dem Pfeil / das Toden Köppigen / das HasenZänichen.
COELESTINA. Wie theur die Elle von dieser Gattung?
CYRILLA. Nicht näher als um fünff Gülden / sechs Groschen.
COELESTINA. Und von dieser Art?
CYRILLA. Diese kostet mit einem Wort / achtzehn Gülden und vierzehn Groschen.
COELESTINA. Ey / Frau Cyrilla, ihr seyd viel zu theur.
CYRILLA. Die Lilie wil ich euch um zehn Gülden lassen.

24

COELESTINA. Zehn Gülden / und nicht mehr geh ich für die gedoppelten Hertzgen. Die Lilie ist nicht sechse werth.
CYRILLA. Ey / Jungfer Coelestine, wo wolte ich hin? ich würde zu
einer armen Frauen dabey. Gebt eilff Gülden und ein halben für die
gedoppelten Hertzen! So eine reiche Jungfer muß nicht so genau din-
gen! Unser HErr GOtt segnet sie denn wieder mit einem reichen
Manne. _Says if she pays God'll provide a man_
COELESTINA. Jhr schertzet / Cyrilla. Nun / daß wir zu einem Ende
kommen; Eilff Gülden wil ich geben.
CYRILLA. Gebet noch die fünff Groschen dazu.
COELESTINA. Nicht einen Heller mehr.
CYRILLA. Nun / nun! um eines andernmahls Willen. Wie viel Elen
wolt ihr haben.
COELESTINA. Jch wil das gantze Stück behalten. Wie viel helt es?
CYRILLA. Gleich achtzehn Elen und eine halbe; das macht gerade
203. Gülden / und ein halben. Sehet / ich wils euch in den Fingern
her rechnen. Ein Elle ist 11. Gülden. 2. Elen sind 22. Gülden. 4. Elen
44. Gülden. 8. Elen 88. Gülden. 16. Elen 176. Gülden. Nu die übrigen
zwo Elen sein wieder 22. Gülden. Die zu den vorigen gerechnet / machet 198. nu bleibet noch die halbe Ele vor sechste halbe Gülden. Wenn
wir die nu zu der vorigen Summe nehmen / so macht es gar zusammen
/ wie ich vor sagte 203. und ein halben Gülden.
COELESTINA. Hie habt ihr Geld.
CYRILLA. Drey / sechs / neun / zwölff / funfftzehn. Jst der Ducaten
auch wichtig?
COELESTINA. Es ist abgewogen Gold.
CYRILLA. Seht liebes Kind / alte Leute die irren sich leichtlich /
achtzen / ein vnd zwantzig / vier und zwantzig / sieben und zwantzig
/ dreissig / dar mangelt einer. _pretends she's not been paid enough_
COELESTINA. zehlet noch einmahl / ich habe recht gezehlet.
CYRILLA. Es ist war: Ungrische Gülden soll man zweymal zehlen.
Funffe / 10. 15. 20. 25. 30. 33. 1. Reißthaler / ein halben Reißthaler /
ein Gülden. O Hertzes Kind / habt mirs ja nicht vorübel! ich bin so
was vergeßlich: ich muß das Gold in die Tasche schliessen.
COELESTINA. Camilla, hole mir die Ele.
CYRILLA. Meine liebe Jungfrau / weil wir so alleine sind / muß ich
euch was erzehlen. Wenn ihr es nur nicht woltet übel oder auffs ärgste
außlegen.
COELESTINA. Nein gar nicht. Erzehlet frey / was ihr wollet!
CYRILLA. Als ich heute außgehen wolte / ist mir ein Herr begegnet
/ der euch freundlich durch mich grüssen läst.
COELESTINA. So weit.
CYRILLA. Ein feiner reicher Mann / der übermassen in euch verliebet
ist. _tells her about Sempronius!_
COELESTINA. Wie heist Er?

25

CYRILLA. Jhr werdet es wohl aus diesem Brieffe sehen.

COELESTINA. Wo ist der Brieff?

CYRILLA. Hier hab ich ihn in dem Ärmel stecken. O Hertzes Kind / euch wird wohl mit dem Manne gerathen seyn.

CAMILLA. Jungfrau Coelestina, hier bring ich die Elle.

CYRILLA. Wolt ihr die Spitzen messen?

COELESTINA. Camilla ruffe mir stracks den Pagen und das Gesinde hervor! Jch wil dir alten Kuppelhuren den Rücken mit Prügeln messen lassen: und wenn ich deiner grauen Haare nicht schonete / solten dir die Ohren so weit von einander genagelt werden / daß man sie mit zweyhundert Klafftern Bindfaden nicht solte zusammen knüpffen können.

CAMILLA *mit dem Gesinde.* Wie ists meine Jungfrau? ist die Maß nicht vollkommen?

COELESTINA. Soltest du altes Rabenfell dich unterstehen mit derogleichen Schandbrieffen für mein Gesicht zu treten.

CAMILLA. Frau Cyrilla! Heist dieses Spitzen verkaufft?

COELESTINA. Schmieret die alte Hexe zum tügen ab / daß andere eine Abscheu nehmen derogleichen zu begehen.

Coelestina gehet davon.

PAGE. Wir wollen dem Befehl schon ein Genügen thun. Alte Hexe / was macht der Teuffel?

CYRILLA. Nu / nu / last mir meine Mütze / ihr werdet mir die Schaub in Stücken reissen. A! meine Tasche / meine Tasche / mein Korb.

DER ANDER PAGE. Schau / das alte Ungeheur hat eine Peruqve auffgesetzet.

CYRILLA. A! gebt mir meine Tasche wieder.

PAGE. Still / wir wollen ihr einen Bart von Pech anschmieren.

CYRILLA. A! meine Tasche! meine Tasche!

CAMILLA. Gebet ihr die Tasche / und lasset sie vor den Teuffel lauffen!

Die Pagen schmieren sie um und um mit Koth / und gehen mit Camilla davon.

CYRILLA *bleibet stehen / wischet die Augen ab / und fähret redent fort.):* Ach mein Kopff! mein Bauch! mein Rücken! O mein Schleyer / meine Mütze! mein Körblin ist gar in Stücken. Hab ich auch noch meine Spitzen gar / 1. 2. 3. 4. 5. 8. 12. Stück; ja das heist Brieffe getragen. Aber schaut / dort komt Don Diego, der muß mirs wohl bezahlen.

Don Diego. Cyrilla.

DON DIEGO. Der Kopff thut mir weh über dem unmäßigen Auff- schneiden unseres Capitains, welcher doch in Warheit nicht anders ist / als ein gehelmeter Hase; wer ihn reden höret / meinet er were der ander Hercules, oder der grosse Roland. So bald er aber in eine occa- sion gerathen / wil er für Furcht gar zu trieffen. An itzo weil er sich fertig macht seine Selenisse zu besuchen / hab ich mich von ihm weg gestolen / in Meynung allhier der alten Cyrille zu erwarten. Welche ich nu zu unterschiedenen mahlen abgefertiget Jungfer Sophien zu überreden.

CYRILLA *heulende.* Ja Jungfer Sophien zu überreden.

DON DIEGO. Was potz hundert ist dieses? wo seyd ihr so übel ange- laufen / Frau Cyrilla.

CYRILLA. Jch wolte noch wohl fragen / sehet nur wie mich eure Sophia abgewürtzet hat!

DON DIEGO. Sie weiß wohl / daß besser Würtze an euch verlohren ist.

CYRILLA. Ja / und ihr wolt mich noch darzu auslachen!

DIEGO. Wie das Fleisch ist / so ist der Pfeffer! aber ich kan kaum glauben / daß Sophia so unbarmhertzig mit euch umgegangen.

CYRILLA. Welcher Teuffel solle es sonst gethan haben / hat sie nicht Leute gnug bey sich im Hause / die sich ihrer annehmen.

DIEGO. Sie wohnet ja mit ihrer Mutter gantz alleine.

CYRILLA. Was weiß ich / wer stets bey ihr stecket / sehet nur ich speye Blut. *Sie reuspert sich.*

DIEGO. Purgiere dich Teuffel / friß Flechtenmacher / scheiß Siede- schneider / wische den Ars an Feuermeuerkehrer.

CYRILLA. Ja was hab ich nu darvon als Stanck und Undanck.

DIEGO. Wer nicht redet spielen kan / dem schläget man die Lauten an dem Kopffe entzwey.

CYRILLA. Das dacht ich.

DIEGO. Seyd zu frieden / seyd zu frieden / Mutter Cyrill, und folget mir! ich will euch schon Satisfaction thun.

CYRILLA. Gehet voran; ich wil euch folgen. Wenn mich iemand sehen wird / muß ich sagen / ich sey so gefallen. Dar ist sen in dem Walde ein Rößlein roth / das hat sen geschaffen der liebe GOTT. / O trauriges Leben betrübte Zeit! Du hast mir genommen alle meine Freud. *Gehet betend ab.*

Coelestina. Camilla.

COELESTINA. Die thörichte Närrin dorffte sich unterstehen mir de- rogleichen Briefe einzulieffern!

CAMILLA. Last uns doch sehen / wie und von wem er geschrieben!

COELESTINA. Da ist er: leset ihn / Camilla.

CAMILLA. Wenn er von Herren Palladio geschrieben were / würde Cyrille vielleicht eine bessere Belohnung darvon getragen haben.

COELESTINA. Was saget ihr?

CAMILLA. Jch verwundere mich / daß die Außschrifft so schön gestellet: Dem himmlischen auff der Erden scheinenden Nordstern meiner Sinnen / dem grossen Beeren meines Verstandes / der eintzigen subtilität und höchstem Enti meiner Metaphysica, der würdigsten Natur in der gantzen Physica, dem höchsten Gut aller Ethicorum, der Beredsamsten Phoebussin dieser Welt / der zehenden Musae, andern Veneri, vierdten Chariti und letzten Parcae, meines Verhängnisses / dem hochedlen wolgebornen Fräulin Coelestine, meiner glorwürdigsten Gebieterin / ad proprias.

COELESTINA. Es blicket wohl an dem Gesang / was es für ein Vogel seyn muß. *Writing tells you about the person.*

CAMILLA. Si vales, benè est, ego autem valeo, sagt Cicero. Jch hergegen / O ihr einiger Schleiffstein meines Verstandes – – –

COELESTINA. Es wird ein Messerschmidt oder Glaßschneider seyn / weil er von Schleiffen redet.

CAMILLA. Si vales benè est: ego autem non valeo, das ist / ich aegrotire, melancholisire, decumbire, langvire, es sind mehr fremde Worte hierinnen / die ich nicht wohl lesen kan.

COELESTINA. Vielleicht ist es Türkisch oder Griechisch: last uns das überschlagen.

CAMILLA. Verstehen wir doch das Lateinische nicht.

COELESTINA. Woher könnet ihr aber so wohl Lateinisch lesen?

CAMILLA. Jch habe in meiner Jugend in einem Kloster Seiden stücken gelernet; da hab ich aus Kurtzweil diese Kunst von den Jungfrauen begriffen. Nun sie höre weiter! Jch langvire in dem Hospital der Liebe / in welches mich eure grausame Schönheit ein furiret, und wie ein Krancker sich nach nichts sehnet / als nach seinem Artzt. Ita ego vehementer opto nur einen Anblick eurer Clementz, welchen ihr doch Hunden und Katzen nicht mißzugönnen pfleget. Wiedrigen Falls gehet der Schneider schon zu Wercke / meiner Hoffnung / die nichts hat / als Pein und Knochen ein Traurkleid zu machen; weil ich gäntzlich entschlossen bin mit dem ersten Schiff / welches Charon wird nach dem Campis Elysiis abgehen lassen / mich von hir dahin zubegeben / ubi veteri respondet amore Sichaeus. Dieses / wo euch möglich / verhütet und seyd gegrüsset von

Dem / der die Erde küsset
auff welcher das Gras gewachsen /
Welches der Ochse auffgessen /
aus dessen Leder eure Schuch-Solen geschnitten

Titus Sempronius,
Caji Filius,
Cornelii Nepos,
Sexti Abnepos.

COELESTINA. Ach armseliger Semproni! wilst du vor grossem Alter gar kindisch werden!

CAMILLA. Ja wohl / armseliger Semproni! warum bist du nicht Palladius! Was wollen wir aber mit dem Brieffe thun?

COELESTINA. Stellet ihn unserm Koch zu. Denn weil er so voll feuriger Gedancken / können wir etwas Holtz zu dem Braten ersparen.

CAMILLA. Jch fürchte fürwar / er würde mit seiner Kälte alles Feur in der gantzen Küchen außlöschen.

Cyrilla. Sempronius.

SEMPRONIUS. λάλησον.

CYRILLA. Nicht die alte Lyse.

SEMPRONIUS. Et illa hat meinen Brieff angenommen?

CYRILLA. Nicht Camilla, sondern Coelestina selber.

SEMPRONIUS. Et qvid dixit?

CYRILLA. Sie schloß ihn nicht in die Büchse / sondern steckte ihn in den Schubsack.

SEMPRONIUS. εὖ, καλῶς, κάλλιστα. Lachrymor prae gaudio.

CYRILLA. Ja kalt ists / und sie lachte dennoch die Haut voll.

SEMPRONIUS. Ecqvis me felicior?

CYRILLA. Jn der Ecke ist sie vorgestanden / und hat den Brieff alleine gelesen.

SEMPRONIUS. Aber was giebt sie Solatii?

CYRILLA. Ja Herr Semororiis, Kohl hat sie hie / ihr müst ihr was anders schicken!

SEMPRONIUS. Ey / ihr verstehst nicht meum velle.

CYRILLA. Ey Herr / was soll es ihr mit Mäusefellen / es muß Gold oder was derogleichen seyn.

SEMPRONIUS. Auto venalia jura.

CYRILLA. Das versteh ich nicht! heist ihr mich eine Hure? meinet ihr / daß ichs ihr nicht geben werde.

SEMPRONIUS. Jhr verstehst nicht meinen mentem.

CYRILLA. Was Verstand darff ich zu euren Enten?

SEMPRONIUS. Jch frage / was Jungfrau Coelestina mir zur Antwort schicket? Ecqvid responsi.

CYRILLA. Ja Herr / ich gewon sie / sie sah zwar erstlich ein wenig saur. Aber als sie euch nennen hörte / muste sie lächeln / wie sehr sie es auch verbergen wolte.

SEMPRONIUS. Sat est.

29

CYRILLA. Ja ich wil wol satt essen / wenn ihr mir nur was geben woltet.

SEMPRONIUS. Jch wil schon geben zu essen und zu trincken sine modo.

CYRILLA. Nein Herr Sbrosemigis, mein Rock darff nicht nach der Mode seyn.

SEMPRONIUS. Non intelligis.

CYRILLA. Jch sehs wohl / daß es helle ist / aber wenn der Winter komt / ist ein gantzer Rock besser als ein zuschnittener.

SEMPRONIUS. Kommet kommet sodes.

CYRILLA. Herr / ich esse nicht nur Sodt / es muß auch Fleisch drinnen seyn.

SEMPRONIUS. Pruriunt ipsi dentes.

CYRILLA. Sagt ihr / die Hure isset hübsche Enten?

SEMPRONIUS. Ey / ich rede Lateinisch / das verstehst ihr nicht. Jch rede wie Marcus Tullius zu Rom.

CYRILLA. Es schmeckt nicht übel auff dem grossen Stul / Marck und Rohm.

SEMPRONIUS. Jch sage / daß ich ῥωμαϊστί, Lateinisch rede.

CYRILLA. Ja Rohm isset sie! Herr Vicmonius, ich verstehe es wohl / ich weiß aber nicht / ob ihr mich eine Hure heisset.

SEMPRONIUS. Ey nein / ihr seyd ein ehrlich Weib / ich meine meine Coqvam, welche der Teuffel zu reiten pflegt.

CYRILLA. Ja es ist wahr / daß der Teuffel auff dem Bock zu reiten pflegt. Aber ich habe keine Gemeinschafft darmit.

SEMPRONIUS. Conscientia mille Testes.

CYRILLA. Die Pestilentzia unter den Füllen / ist nicht die beste.

SEMPRONIUS. Jch sage / quod me haud intelligas.

CYRILLA. Da man ein Meisen Haupt auff dem Teller aß?

SEMPRONIUS. Auff deutsch! ihr verstehet mich nicht / haud capis me.

CYRILLA. Haupt Kapis ist mehr als eine Meise.

SEMPRONIUS. Jch rede nicht von Essen / nicht von edendo.

CYRILLA. Ja meint ihr dehn do.

SEMPRONIUS. Jhr verstehet den Element, was ich wolle. Jch rede noch von Coelestina, was läst sie mich endlich wissen / qvid vult?

CYRILLA. Ja sie ist euch huld.

SEMPRONIUS. Mere?

CYRILLA. Was wolt ihr mehre?

SEMPRONIUS. Nicht so / non fallis me?

CYRILLA. Ja Herr / ich fiele mehr / als einmal.

SEMPRONIUS. Seyd ihr truncken?

CYRILLA. Nein Herr Secconies, ich bin nicht ertruncken / aber gar tieff in den Dreck gesuncken.

SEMPRONIUS. O misera!

CYRILLA. Ja es kam mich sehr an.

SEMPRONIUS. Folget / folget / drinnen calesces ad ignem.

CYRILLA. Wenn man kahl ist / läst sichs übel singen.

SEMPRONIUS. Die Thür ist offen / folget hernach / wir wollen schon weiter / was zur Sachen dienlich / ponderiren.

CYRILLA. Eyre / Mehl und Butter lassen sich am besten unterrühren.

Daradiridatumtarides. Selenissa. ~~virgin~~
Cacciadiavolo. Diego.

DARADIRIDATUMTARIDES. Mon Dieu! So giebt sich endlich meine bißher unüberwindliche Schöne auff Gnade und Ungnade ihrem werthen Freinde dem streitbaren und tapffern Daradiridatumtarides Windbrecher von tausendmord.

SELENISSA. Ja / mein Herr Capitain, mit diesem Handschlag versprech ich mich auff ewig die Seine zu seyn / trotz allen / denen es leid / und die mir diß grosse Glücke mißgönnen.

DARADIRIDATUMTARIDES. Graces aux Dieux! Vos avez mis mon Ame au plus haut degrez de la felicité. Mit dieser güldenen Ketten / welche mir der unsterbliche Soldat von Pappenheim mit eigenen Händen an den Hals gehangen / als ich zu erst mich auff die Magdeburger Mauren gewagt / verbinde ich mir meine Göttin / welche mir GOtt Mars selber mit allen seinen Feuerspeyenden Granaten und Donnerschwangeren Canonen nicht abjagen soll.

SELENISSA. Jch bitte / mein werthester Bräutigam geruhe / als ein Zeichen meines standhafftigen Gemüths und reinen Hertzens / diesen Demant von mir anzunehmen!

DARADIRIDATUMTARIDES. Den wil ich nicht verlieren / als mit dieser Faust. Jch gläube / daß Amor selbst seine Pfeile hierauff geschärffet habe. Wer ist auff der gantzen Welt glückseliger / als ich? Don Cacciadiavolo, Don Diego, herfür! wünschet eurem großmächtigsten Capitain Glück. J'ay gaigné mon proces! Die Festung / die ich bißher so lange belägert / hat parlamentiret, der Accord ist geschlossen / und soll von uns beyden auff künfftig unterzeichnet / auch bald darauff die Citadel in posses genommen werden. Vive l'amour & ma Deesse!

CACCIADIAVOLO UND DIEGO. Vive l'amour & sa Deesse!

CACCIADIAVOLO. Es ist kein Bluts-Tropffen in meinem gantzen Leibe / der sich nicht in lauter kleine Feur Granaten verkehre / und mir durch alle Sinnen und Geister schwerme. Jch wündsche diesem neuen Marti und der andern Veneri unvergleichliches Glück!

DON DIEGO. Pallas und Bellona lasse diß treffliche Paar glücklich zusammen kommen / frölich beysammen leben / und langsam von einander geschieden werden.

DARADIRIDATUMTARIDES. Aus uns werden Kinder geboren werden / welche die Welt bezwingen / die Hölle stürmen / und den Jupiter aus dem Himmel jagen werden / nicht anders / als wie die Riesen / welche Berge auff Berge gesetzet / durch die Wolcken gedrungen / und biß an die neundte Sphaer Sturm gelauffen sind. Jch kenne mein Geschlecht / und weiß gar wohl / aus was für einer Art wir kommen. Alsbald ich auf diese Welt gebohren bin / hab ich auff der Erden herum gesprungen / ich habe meines Vatern Degen von der Maur herunter gezogen und damit so ritterlich herum geschwermet / daß ich der Hebammen den Kopff / und der Kinder-Magd den Leib entzwey gehauen.

DON DIEGO. Es brennet bey zeiten / was eine Nessel werden soll.

DARADIRIDATUMTARIDES. Muth komt vor den Jahren bey wackeren Gemütern. Einen Chevalieur muß man aus dem Bart nicht aestimiren. Cet assetz! Last uns herein / Don Diego, daß man die Trompeten bestelle / Don Cacciadiavolo, daß man unsre Hochzeit mit einem Salve verehren lasse!

DON DIEGO. Es soll geschehen / Gestrenger Herr! grosser GOtt / hier ist Zeit gewesen Hochzeit zumachen. Bey uns ist so viel Schuld / daß ich nicht weiß / die Wäscherin vor ein Hemde zu saubern / zubezahlen. Wird die Braut ein grosses Heyrath Gut mit sich bringen / so wird es hoch von nöthen seyn: wo nicht / so werden wir sämtlich Elend aus Essig essen / mit Mangel betreuffen / und in bittern Wermut arme Ritter backen.

Der dritte Auffzug.

Bonosus. Palladius.

PALLADIUS. Es ist nicht anders / als wie ich erzehlet! Selenissa achtet weder meines Standes / noch seiner Vortreffligkeit. Sie ist mit dem Großsprecher nunmehr fest. Mich schmertzt nicht mehr / als daß wir / wegen der nichts werthen unbedachtsamen / solche heimliche Feindschafften und Verbitterungen gegen einander getragen. Er hat die unvergleichliche Ariana verlassen / und ich habe die Sinn- und Tugendreiche Corneliam geringe gehalten / ja schier gezwungen meinen Vetter zu heyrathen / damit ich desto freyer dieser Wanckelmütigen auffwarten könte.

BONOSUS. Solte es aber wohl möglich seyn / daß es geschehen?

PALLADIUS. Des Capitains Diener / welcher des meinen Landsmann und getreuer Camerade, hat anitz in meinem Hause den gantzen Zustand entdecket.

BONOSUS. Unbesonnene! thörichte! leichtfertige undanckbare Selenissa!

PALLADIUS. Mein Herr / last uns nicht auff sie fluchen / ich trage ein hertzliches Mittleiden mit ihr / sie darff keiner Straffe mehr / die durch eine solche Heyrath mehr denn überhefftig gestraffet wird.

BONOSUS. Wo ich dem Capitain auff seine Hochzeit nicht einen sondern Schimpff erweise / so müsse die gantze Stadt von meiner Zagheit sagen.

PALLADIUS. Mein Herr / der hat Schimpffs mehr denn zu viel / dem man keinen Schimpff mehr erweisen kan. Die gantze Welt hält ihn für einen Landlügner. Er steckt in tausend Schulden vertäuffet biß über die Ohren. Selenissa hat auff der Welt nichts! wie kan man beyden mehr Unglücks wündschen?

BONOSUS. Jch kan mich nicht genung verwundern über der thörichten und unbesonnenen Jugend!

Cleander. Bonosus. Palladius.

CLEANDER. Recht! Finde ich die Herren und wehrteste Freunde hir beysammen! Ich habe Herren Palladium den gantzen Morgen gesucht.

PALLADIUS. Mein Herr / die Ehre / die er seinem geringsten Diener erweiset / ist zu hoch! und ich bin schuldig ihm auch sonder sein Begehren stets auffzuwarten.

CLEANDER. Mein Herr Palladi, die Worte sind unvonnöthen. Jch komme anietz auff Befehl ihrer Durchlauchtigkeit / unsers gnädigsten Fürsten ihn auff den Hoff zufodern / da er den Eid / als von ihrer Fürstl. Durchl. selbst erkohrner Mareschall ablegen soll; zu welcher von ihm wohl verdienten Erhöhung ich ihm was er selbst begehren mag / von Hertzen verwüntsche.

BONOSUS. Was höre ich / Herr Cleander?

PALLADIUS. Jch halte mein Herr treibet den Spott mit seinem Diener!

CLEANDER. Was solte ich vor Ursach zu spotten haben in so wichtiger Sache. Jch bitte mein Herr wolle bald sich mit auff den Hoff begeben / und nach abgelegter Pflicht mir / nebenst andern werthen Freunden / welche sich über dieser seiner neuen Ehre höchlich ergetzen / seine Gegenwart an meiner Taffel gönnen! Mein Herr Bonosus wird / wie ich auffs höchste ihn bitte / kein Bedencken tragen uns Gesellschafft zuleisten.

BONOSUS. Mein Herr Palladi, ich erfreue mich höchstens über seinem unverhofften / doch wohlverdienten Glücke.

PALLADIUS. Mein Herr / ich weiß bey diesem Zustand nicht / wie oder wem ich zuförderst zu dancken verpflichtet; Diß einige ergetzet mich / daß ich Mittel an die Hand bekommen / ihnen in der That zu erweisen / daß ich ihrer allerhöchst verpflichtester Diener.

Sempronius. Cyrilla.

SEMPRONIUS. Amor vinumqve nihil moderabile svadent.

CYRILLA. Schwaden in Milch gekocht ist gut.

SEMPRONIUS. Nihil ad Rhombum.

CYRILLA. Michel worum drum?

SEMPRONIUS. Ἐγὼ σκόροδά σοι λέγω, σὺ δὲ κρόμμυ᾽ ἀποκρίνεις.

CYRILLA. Ja freylich muß man das Korn lesen / wenn es krum und nicht grüne ist.

SEMPRONIUS. Jch rede de plaustris, ihr antwortet de trahis.

CYRILLA. Jhr redet von der Plautze / die ich wegtrag itz?

SEMPRONIUS. Jch rede von meinem Cordolio.

CYRILLA. Jo ich hab den Korb voll jo.

SEMPRONIUS. Von meiner Coelestina, bey der ihr um Antwort anhalten sollet / wo es in fatis.

CYRILLA. Ja ich soll fragen / ob sie Fladen isst?

SEMPRONIUS. Der sollet ihr bringen diese margaritas.

CYRILLA. Das soll ich bringen meiner Margritte.

SEMPRONIUS. Jhr sollt die Perlen Jungfer Coelestinen geben sag ich / zu einem Mnemosyno.

CYRILLA. Sol ich sie geben meinem Sohn?

SEMPRONIUS. Ey nein doch / ihr sollet sie zustellen Fräulein Coelestinen zum Mnemosyno.

CYRILLA. Ja ich meine so.

SEMPRONIUS. Wenn seh ich euch rursus.

CYRILLA. Herr ihr vergesset euch / ich heisse nicht Urse.

SEMPRONIUS. Ερωτάω.

CYRILLA. Ein rot Auge?

SEMPRONIUS. Ego qvaero, ego interrogo, ego sciscitor, das heist / ich frage euch / quando reversura sis?

CYRILLA. Nu seht nur Herr / ihr redet so geschwinde / und fraget immer / ob Anne eine Hure ist.

SEMPRONIUS. Ey was ist mir daran gelegen. Jch frage / wenn ihr wiederkommen wollet mit Antwort und guter Verrichtung.

CYRILLA. So bald es möglich.

SEMPRONIUS. ὕπαγε εἰς εἰρήνην.

CYRILLA. Ja / ja ich wohne hierinnen.

Coelestina. Camilla.

COELESTINA. Nun ists vergebens! meine Hoffnung ist todt! Himmel / muß meine getreue Liebe mit einem so traurigen Außgang belohnet werden!

CAMILLA. Gedult und Zeit / werthe Jungfrau / ändert und heilet alles.

COELESTINA. Die Wunde ist zu groß / und der Schmertz zu hefftig.

CAMILLA. Jch glaub es gern / daß nichts verdrießlichers und schändlichers / als wann man treuer Liebe mit Undanck begegnet. Aber was kan euren Verstand besser auff den rechten Weg bringen / als wenn ihr überleget / wie übel er mit euch biß anher gehandelt.

COELESTINA. Aber warum schneid ich mir selbst alle Hoffnung ab? liebeste Camilla, suche doch noch einmahl Gelegenheit mit ihm zu reden / und ihm meine grosse Gewogenheit zu verstehen zu geben.

CAMILLA. Meine Jungfrau / hat er sie nicht geachtet / als er noch im geringerm Stande geschwebet / was wird er ietzund thun / nun er so unversehens so hoch gestiegen? Ehre ändert die Gemüther und macht aus Muth Hochmuth.

COELESTINA. Wolte GOtt / sie änderte sein Gemüthe / daß er ein wenig besser um sich sehe und betrachtete / wer diese wäre / die er verachtet.

CAMILLA. Ach / meine Jungfrau! Jhr begehret ein Wunderwerck und eine zu unsern Zeiten unerhörte Sache! kennet ihr Palladii unveränderlichen Vorsatz nicht? Eher wolte ich wilde / ja Felsen bewegen / als ihn / wenn er einen Schluß einmal gefasset.

COELESTINA. Mit einem Wort / ich höre nichts mehr als meine Verdamnüß in dem Rechtshandel der Liebe.

CAMILLA. Es kan hier nicht anders seyn. Euer Richter ist gar zu unbarmhertzig.

COELESTINA. Gilt denn keine fernere Beruffung? kein Auffschub? keine Linderung des Urtheils?

CAMILLA. Zu oder vor wen wollen wir des zihen?

COELESTINA. Zu Palladio selber: wofern meine Schönheit / meine Jugend / mein Stand / Vermögen und Tugenden / welche andere /

ihrer Einbildung nach / bey mir reichlich antreffen / nicht seiner Gunst
würdig; wird ihm doch vielleicht meine unvergleichliche Standhafftigkeit zu Gemüthe dringen.

CAMILLA. Jch fürchte gegentheils / er werde unsers Elendes spotten
/ und uns aus seinem eignen Munde hören lassen / was wir schon
ohne diß vernünfftig muthmassen können.

COELESTINA. Jch bin bereit nicht nur aus seinem Munde das Urtheil
meines Todes anzuhören / sondern wolte wündschen / wenn möglich
/ von seiner Hand zu sterben; ja ich wolte mir solchen Untergang für
die höchste Glückseligkeit und letzte Ervöllung alles meines Wünd-
schens halten.

CAMILLA. Jch bin weit anders gesinnet. Aber / ich sehe den Capitain!
last uns beyseit / daß er meiner Jungfrauen nicht verdrießlich falle.

Capitain Horribilicribrifax. Harpax.

HORRIBILICRIBRIFAX. Hast du es glaubwürdig vernommen?

HARPAX. Mit diesen meinen zweyen Ohren hab ich es gehöret.

HORRIBILICRIBRIFAX. Und du hast es gehöret?

HARPAX. Jch hab es gehöret.

HORRIBILICRIBRIFAX. Du hast es gehöret?

HARPAX. Jch / ich / ich / ich hab es gehöret.

HORRIBILICRIBRIFAX. Mit deinen Ohren?

HARPAX. So wol mit den Ohren / als offnem Munde / ja Gehirne
und allen fünff Sinnen!

HORRIBILICRIBRIFAX. Daß Sempronius sich unterstehet seine Gedancken da einzuqvartiren / wo allein der unüberwindliche Horribilicribrifax Winterläger halten soll?

HARPAX. Signor Capitano, wird eure Herrligkeit nicht bey Zeiten
darzu thun / so dürfften noch wol andere / als Sempronius ehe eine
Feldschlacht aldort liefern / als er an das Winterqvartir gedencken.

HORRIBILICRIBRIFAX. Se mi monta il grillo nella testa, sarò huomo
da scannar Marte e Morte, e Sempronio, e far si, che di lei non si ra-
gioni mai piu. Welch Bellerophon, Rinocerote, Olivir, Palmerin, Roland,
Galmy, Peter mit dem silbernen Schlüssel / Tristrant, Pontus, dürffen
sich unterstehen nur dergleichen Sache zugedencken / schweige denn
ins Werck zusetzen. Jch erbasiliske mich gantz und gar / die Haare
vermedusiren sich in Schlangen / die Augen erdrachen sich / die Stirne
benebelt sich mit Donnerspeidenden Wolcken. Die Wangen sind Aetna
und Mon Gibello, die Feurfuncken stieben mir aus dem Munde wie
aus dem Heckelberge / der Hals starret wie der Thurm zu Babel / es
blitzet mir im Hertzen nicht anders / als wenn tausend Hexen Wetter
darinnen gemacht hätten. Jedweder Finger vertheilet sich in noch
dreissig andere. Die Füsse schiessen in so viel Wurtzeln aus. Somma
ich erzürne mich zu tode. Io Sputo Archibusi, Pistolle, e fulmini, daß

mir nicht einer von den Mordvögeln entgegen geflogen käme / daß ich meinen Grimm an ihm auslassen könte / mit einem Anblick wolte ich ihn in lauter Asch verkehren nicht anders / als die Granaten / wenn sie in die Heuschober fliegen.

HARPAX. Signor Capitano, Signore e Patron mio gloriosissimo, darff ich euch unter Augen treten?

HORRIBILICRIBRIFAX. Wozu dienet diese Frage?

HARPAX. Jch fürchte / ihr möchtet mich auch anzünden / ich bin etwas dürre von Hunger.

HORRIBILICRIBRIFAX. Sey sonder Sorge! meine Augenstralen haben Verstand. Qvelli che meco vivono, e che Servono la persona mia ornata di tanti trofei e triomfi, non vivono in pericolo.

HARPAX. Nun ist Noth vorhanden: Sempronius komt selbst selber zu seinem Unglück E. Herrligkeit in die Hände.

Horribilicribrifax. Sempronius. Harpax.

SEMPRONIUS. Omnes homines summa ope niti decet, ne vitam silentio transigant veluti pecora. Salust. de Conjuratione Catilinae. Multa dies variusque labor mutabilis aevi rettulit in melius. Virgil. lib. 9. AEn. Amavi, amavisti, amavit, amo, der Fuchs ändert die Haare / nicht das Gemüthe / saget das Deutsche Sprichwort. Unter dieser grauen Aschen meines Kopffs / sub hisce canis, liegen noch viel glüende Kohlen der Liebe verborgen / ignes suppositi cineri doloso. Horatius.

HORRIBILICRIBRIFAX. Er ist verlohren! er hat gelebt! er ist todt.

HARPAX. Ey / Ey / Herr Capitain!

SEMPRONIUS. Sed qvid sibi vult Pyrgopolynices iste qvi ita gladiatorio animo ad nos affectat viam?

HORRIBILICRIBRIFAX. Wer bist du?

SEMPRONIUS. Wer bist du?

HORRIBILICRIBRIFAX. Qvesta è una domanda impertinente, la qvale merita per risposta una pugnalata nel cuore.

SEMPRONIUS. Du magst wohl ein Bernhäuter in der Haut seyn! hastu redliche Leute nicht lernen grüssen? Saluta libenter, sagt Cato.

HORRIBILICRIBRIFAX. Jch werde rasend.

SEMPRONIUS. Helleboro opus est homini! er ist toll.

HORRIBILICRIBRIFAX. Bisogna, ch'io faccia in pezzi, ch'io fulmini, qvaesto ladrone! Sag ihm wer ich sey!

HARPAX. Mein Herr Sempronius thut sehr übel / daß er sich an einem so fürtrefflichen Mann vergreifft! Er ist der Welt berühmte Capitain Horribilicribrifax von Donnerkeil!

SEMPRONIUS. Jst er Horribilicribrifax von Donnerkeil / so bin ich Sempronius vom Wetterleuchten / famâ super aethera notus.

HORRIBILICRIBRIFAX. Tu sei un Bufalo. Wo ich mich recht erzürne / so haue ich euch in kleine Stücken / daß euch die Ameissen in zweyen Augenblicken wegtragen.

SEMPRONIUS. Qvi moritur minis, illi pulsabitur bombis. Wer für Dräuen stirbet / dem läutet man mit Eselsfürtzen aus. Πολλὰ μεταξὺ πέλει κύλικος καὶ χείλεος ἄκρου. Oder meinet ihr / daß ich in meiner Jugend auff der Universität nicht auch habe fechten lernen? πολλῶν ἐγὼ Θρίων ψόφους ἀκήκοα! Huc si qvid animi!

HARPAX. Jch verstehe nichts was er wolle. Jch glaube daß er gesonnen uns zu beschweren.

HORRIBILICRIBRIFAX. Jhr habt die unvergleichliche Coelestinam lieb.

SEMPRONIUS. Das thu ich zu trotz / euch und allen den es leid ist / qvid id ad te?

HORRIBILICRIBRIFAX. Jch sage / daß ich ihrer Liebe würdiger bin.

SEMPRONIUS. Mentiris, Das heist auff deutsch / es ist erlogen.

HORRIBILICRIBRIFAX. Oh qval' oltragio! Sol ich dis Wort hören? was hindert mich / daß ich euch nicht in einem Streich in hundert tausend Stücken zertheile.

SEMPRONIUS. Qvid me retinet, daß ich nicht mit diesem meinem alten guten Spannischen Degen / mit welchem ich auff so vielen Universitäten den Bachanten Löcher geschlagen / den Häschern Schenckel und Köpff abgehauen / die tollesten Teuffel blutrünstig gemacht / die Steine auff der Gassen zuspalten / dem Rectori Magnifico die Fenster ausgestochen / den Pedellen die Füsse gelähmet / eine solche That verübe / daß die Sonne am Himmel drüber erschwartze / und die Planeten zurücke lauffen / nec dum omnis haebet effeoto in corpore Sangvis. Virgil.

HORRIBILICRIBRIFAX. Ob ich euch wol mit diesem Degen könte auff andre Meinung bringen / (havent'io un giorno nel amfiteatro di Verona ucciso di mia mano molto mille gladiatori) wil ich euch doch darthun aus eurer eignen Wissenschafft / daß ich besser sey als ihr / damit ihr sehen sollet / daß ich eben wohl studiret bin / und in Artem Aratoriam Verstand habe. Jhr seyd ein Gelehrter / und macht profession von dem Buch / als ich von dem Degen. Jst das nicht wahr?

SEMPRONIUS. Rem acu!

HORRIBILICRIBRIFAX. Nu wisset ihr ja wohl / daß man das Buch unter dem lincken Arm trägt: und den blossen Degen in der rechten Hand führet / Ergò gehen die Gelehrten unten und wir oben an.

SEMPRONIUS. Καλῶς. Ergo gefehlet. Als wenn man nicht den Degen auff der lincken Seiten trüge / und ein offen Buch in der rechten Hand hielte: als wenn man nicht die Feder oben auff den Hut steckte / welches ich weitläufftiger mit vielen Syllogismis, Enthymematibus, Soritibus, Inductionibus, Elenchis, Mesosyllogismis, Argumentationibus crypticis, Distinctionibus, Divisionibus, Exceptionibus, außführen könte / nisi res esset liqvidissima per se, und klärer als die Sonne in ipso meridie.

HARPAX. Last uns fliehen / mein Herr / er zaubert / er redet der bösen Geister Sprache.

HORRIBILICRIBRIFAX. Si me lo direte: lo sapero! als wenn ich nicht mit vielen Sonneten, Madrigalen, Qvadrimen, Oden, Canzonen, Concerten, Sarabanden, Serenaden, Aubaden, das Widerspiel beweisen könte: doch damit ich euch Schamröthe abzwinge / und beweise / daß ich ein besser Arator bin / als ihr; so wil ich eine Roration halten die ich gethan / als Pappenheim Magdeburg einnahm / und man kurtz zuvor in dem Kriegsrath herum fottirete. Habt ihr so viel Muhts / so beantwortet mir dieselbe Augenblicks.

SEMPRONIUS. Ego sum contentissimus.

HORRIBILICRIBRIFAX. Harpax, Du solst unterdessen General Tylli seyn. Setze dich derowegen hier nieder. Bildet euch nun ein / hir sitze General Tylli, und neben ihm Feldmarschall Pappenheim. Hora, diamo principio alla narrativa! Es wurd deliberiret, ob man Magdeburg denselben Morgen antasten oder verziehen solte / biß unsre Abgeordneten wieder ins Läger kämen / Don Arias von Toleto, welcher in dem übrigen ein hurtiger Cavalier, aber in dergleichen actionen troppo ardito: hatte vor mir geredet / ich richtete mich con la grandezza mia superbissima e con meraviglia e tremore di tutti circonstanti, auf diese meine marmörne Schenckel / gab ihm einen unversehenen Blick mit diesen zweyen brennenden Carfunckeln / oder gläntzernden Laternen dieses meines fleischlichen Thurms. Die Frantzosen nennen es une olliade.

HARPAX. Ich zittere und bebe über diesem Angesichte!

HORRIBILICRIBRIFAX. Nachmals als ich sah / daß ich dem Don Arias ein Schrecken durch alle Beine gejagt; und sich die gantze Compagnie über mir entsetzete / wolte ich die Gemüther etwas sänfftigen / damit sie mich mit desto grösserer Anmuth hören möchten / derowegen prima d'ogn'altro, bacio le ginochia Jhrer Excellentzen, des Tylli und des Pappenheims / come si conviene. Nachmals / inchinai la testa gegen die umstehenden Herren / und sprach also:

HARPAX. Herr Semproni! ihr habt schon verlohren! Jhr werdet diß nimmermehr nachthun.

HORRIBILICRIBRIFAX. Sintemal Jhre Excellentzeste Excellentze, die Zeit sehr kurtz / in dem wir den Feind vor der Stirne haben und eine Stunde / Minute / ja Augenblick uns die Victorie geben oder nehmen kan; dirò ancor' io qvalche cosa, und wil mit wenigem mein Gemüth entdecken und sagen / daß ob es wohl uns Cavaliren übel anstehe / mehr mit der Zungen / als dem Degen zu reden / und du mein berühmtes Schwerd / tu mia spada fulminea, tagliente e fendente! Wenn du eine Zunge hättest / eben diß sagen würdest; nichts desto weniger wil ich sagen / weil mir zu sagen gebühret / und die Reye zusagen an mich gelanget ist / und wil nicht sagen / daß ich zu beweisen willens / daß ich wohl und viel sagen könte / sondern wil auffs einfältigste vor euch sagen / was mich düncket / das gesaget werden müste / und will nichts weniger sagen / als was gesaget ist von den berühmtesten Leuten / denn wenn ich etwas anders sagete / würde ich sagen wider Kriegsmanier / nach dessen Gewonheit ich auffgestanden bin / etwas zusagen. Und so iemand unter dem Hauffen ist / der sich einbildet / daß er mir sagen dürffte / ich solte nicht also sagen / der mache sich herfür und sage es / ich weiß / daß er nicht anders sagen wird / als was ich sagen wil. Jch sage denn was drey Personen aus diesem unzehlichen und unüberwündlichen Heere werden sagen / können sagen / müssen sagen / wollen sagen / und sagen auch sonder ein Wort zusagen. Die ersten Zwey sind ihr excellentzeste Excellentz, (und hiermit machte ich einen Reverentz) die Dritte bin ich. Weil mir aber nicht wohl anziemet was zu sagen / so schweige ich aus Modestie, und remittire mich im übrigen auff dieselbe / die etwas gesaget haben / und noch sagen werden. Hor su, Finiamo, la qvi. Könte man wohl was schöners gesaget haben / Harpax?

HARPAX. Das ist ein schön untereinander gemischetes Gesage! wäre nicht eine Abschrifft darvon zu erlangen?

HORRIBILICRIBRIFAX. Mi sarà di sommo contento, gar sehr wohl / aber zu einer andern Zeit! itzund last uns hören / was dieser dargegen zu sagen habe.

HARPAX. Monsieur Sempronius, die Reye etwas zu sagen / ist nun an euch gelanget.

SEMPRONIUS. Jch sage derowegen / qvod nihil dictum sit ab eo, qvod non sit dictum prius; und bey dieser Gelegenheit etwas zu sagen / wolte ich lieber also gesaget haben: ὑψηλᾶν ἀρετᾶν Ἄνακτες!

HARPAX. Höret Wunder! höret!

SEMPRONIUS. Daß man mir nicht in die Rede falle! O ihr durchlauchtigsten und unuberwindlichsten Heroës, welcher unvergleichliche Stärcke sich nicht aufhalten lässet in den alten und gedrangen Gräntzen / Montium Pyreneorum, Alpium, Atlanticorum, Apenninorum und Sarmaticorum, sondern weit über die Gräntzen / in welchen Calisto nicht auffgehet / sese penetrat, und herum fähret durch den zwölffthierigen Kreis des Titanis, penetrans die beschwärtzten Aethiopes, streiffet um das Vorgebirge bonae Spei, floret durch die wolrichenden Moluccas, henget sich an die bepfefferte Bengala, gehet fürüber bey denen / ihrer Einbildung nach zwey-äugichten Chinesern, und hält Mittags Ruh in Japan. Jch der ich nicht bin der andere Marcus Tullius Cicero, der nicht erreichen kan lactifluam eloqventiam Titi Livii, qvi non adspiro ad gravitatem Salustianam, neqve asseqvor Cornelii Taciti divinam Majestatem. Jch / sage ich / der ich gleichwol diese Discursus vor die treflichsten halte / οἵτινες περὶ μεγίστων τυγχάνουσιν ὄντες, καὶ τούς τε λέγοντας μάλιστα ἐπιδεικνύουσι, will euch mit vielen

Worten nicht auffhalten / cùm alias die Zeit kurtz / & jus sit in armis: Remittire mich also auff die / die bißanher geschwiegen haben / und noch de facto schweigen. Dixi. Was hält Harpax von dieser Oration?

HARPAX. Sie war bey meiner Seel auch schön: ob ich wol kein Wort darvon verstanden habe. Herr Capitain es muß ein verdrießlich Ding seyn einen General abzugeben.

HORRIBILICRIBRIFAX. Ohimè che parole son qveste? Warum?

HARPAX. Warum? solte er doch tolle werden / wenn er nur iedweden Tag solcher zwey Rorationes hören müste.

HORRIBILICRIBRIFAX. Tu non m'intendi? Va! Va! Du bist ein ignorant, und verstehest nicht Zierligkeit der Wohlredenheit.

HARPAX. Dem sey / wie ihm wolle.

SEMPRONIUS. Aber welches Oration war nu die beste?

HARPAX. Mir ist / als wenn ich bey einer Fürstlichen Taffel sässe / und nicht wüste unter den Gerichten zu wehlen / oder eins mit mir zu werden / welches das Schmackhaffteste. Vertraget euch selber unter einander. Jch resignire euch die Excellentz, mit sampt der Tyllischafft und dem Generalat.

SEMPRONIUS. Ergò ἔρρωσο, Herr Capitain.

HORRIBILICRIBRIFAX. Adio signor Semproni.

HARPAX. Ho / ho / sie kommen ja beyde noch lebend von einander.

Rabbi Isaschar. Frau Antonia.
Der Jude trägt ein silbern Gießbecken unter dem Arm / und die Kanne in der Hand.

RABBI. Ey bey meinem Jüdischen Madda! bey meinem Eyde! es ist nicht anders / als ich euch sage! mezzekenim ethbonan!

ANTONIA. So were ich die elendeste Frau auff dem gantzen Erdboden. Andere reden gleichwol gar anders.

RABBI. Lo jadeu velo jasinu. Jhr werdet das in der That erfahren / denn ich sage euch nichts als die blosse lautere Warheit! Was hatte ich für Ursach euch zu betriegen? ich weiß / ihr seyd eine ehrliche Frau / es ist nicht anders / so wahr / als ich Rabbi bin / und heute gedarascht habe.

ANTONIA. Es scheinet aber unglaublich zu seyn.

RABBI. Unglaublich? warum unglaublich? es geschehen wohl mehr derogleichen Sachen / und ihr kennet das gemeine Sprichwort: Der Tod und Heyrath entdecken alle Dinge / wenn es nicht so wäre / man würde malcanderen den gehelen Dag sonder Ersgatt beschiten / spricht der Holländer.

ANTONIA. Mein lieber Rabbi, seyd mir doch zu Dienste mit zwey oder dreihundert Reichsthalern / nur auff wenige Tage / gegen genugsames Pfand.

RABBI. Ey warum das nicht / liebe Frau? auff ein Jahr und länger / wenn das Chafol Tof und Thuf ist; last mich es schauen!

ANTONIA. Hir hab ich es. Sehet welch eine treffliche Kette mit Diamanten versetzet.

RABBI. Ey Frau Antonia? welch schön Ding ist das? col hefel hefalim!

ANTONIA. Es ist ein trefflich Stück / wie ihr selber sehet / nehmts in eure Hände / und beseht sie gar wohl.

RABBI. Frau Antonia, wir sind gute Freunde; ich habe euch mehrmahls gedienet / und thu es noch gern: Hoffe auch / ihr werdet mir erlauben / daß ich ein omer oder zwey mit euch reden möge. Wie viel begehret ihr / daß ich euch auff diese Chach leihe?

ANTONIA. Dreyhundert Reichsthaler.

RABBI. Wolt ihr / daß ich euch mit einem nifo sage!

ANTONIA. Ey Rabbi Isaschar, machet die Sache nicht schwer! die Kette ist auffs wenigste zwey tausend Ducaten werth.

RABBI. Frau Antonia! mit einem Wort ich wil euch auff diese Kette schilen – – –

ANTONIA. Wie viel?

RABBI. Fünff Silbergroschen! und ist noch heediph.

ANTONIA. Was fünff Silbergroschen? seid ihr toll?

RABBI. Mein / Frau Antonia, ich bin chacham, aber die Kette ist von Messing / und die Steinichen von Glaß. Das sag ich euch bey meinem Jüdischen Alah!

ANTONIA. Wie kan es möglich seyn? es hat sie noch vor zwey Stunden der tapfferste Cavalier an seinem Halse getragen!

RABBI. Traut meinen Worten / und gebt die Kette dem wider / von dem ihr sie empfangen habet. Die Kette ist von Messing. Der braveste Cavalier? O es ist lo achat geschehen! ihr sind mehr / die dergleichen Ketten tragen!

ANTONIA. So ist weder Treu noch Glauben in der Welt!

RABBI. Von wem habt ihr sie geachazt?

ANTONIA. von Capitain Daradiridatumtarides.

RABBI. Hoh? es ist der gröste maschgeh, Bescheisser und Betrüger in der Welt!

ANTONIA. Ey Rabbi, bedencket euch! was saget ihr?

RABBI. Jch wolte es ihm in die Augen sagen / zu hetlen, falsche Siegel nachzumachen / Handschrifften zuverfälschen / Brieffe zu erdichten / ist seines gleichen nicht! Er ist mir achthundert Kronen schuldig / und schier so viel neschech, und schweret alle Tage / daß ihn der Schet holen möchte. Aber ich sehe weder Zahaff noch Silber / noch Zinse. Das beste wird seyn / daß ich ihn lasse Thapsen / und in das Esur stecken.

ANTONIA. Es ist unmöglich!

RABBI. Er ist mir nicht allein schuldig; es ist kein Kenaani, kein Kramer / kein Schneider / kein Schuster / kein Hutmacher / der ihn nicht auff seinem megillha oder Buche habe.

ANTONIA. Das sey GOtt in dem hohen Himmel geklagt!

RABBI. Glück zu / Frau Antonia, ich muß bacek und dieses silberne aggan mit der Gießkanne einschliessen. Schaut dieses hat mir auch ein Cavalier, der den Fürsten heute eingeladen / zu Pfande gegeben / gleich als sich die Gäste gewaschen / damit ich ihm Keseph zu Brodt liehe. Wenn sie werden Taffel gehalten haben / hat er mir versprochen das Saltzfaß mit den Tellern und Schüsseln dargegen zuschicken / damit ich ihm das Becken wieder folgen lasse / daß sie sich nach der Mahlzeit wider Thaharn können.

ANTONIA. O das Hertz möchte mir für Ungedult in tausend Stücken brechen; O meine Tochter! meine Tochter! in was Elend hast du dich und mich durch deine Unbesonnenheit gestürtzet!

Der vierdte Auffzug.

Bonosus. Palladius. Cleander.

CLEANDER. Jch bitte die Herren verschonen meiner mit derogleichen Wortgepränge; Sintemal ich sie nach Würden vor diesesmal nicht habe bewirthen können: Doch verhoffe ich mein guter Wille werde die Taffel / stat der Speisen besetzet haben.

PALLADIUS. Mein werthester Cleander, ich bleibe ihm ewig verbunden.

CLEANDER. Herr Mareschall ich sterbe der Seinige.

BONOSUS. Mein Herr Cleander, ich bitte / er wolle mir befehlen / er sol mich bereitwilligst finden / ihm zu dienen.

CLEANDER. Mein Herr / ich bin gantz der Seinige. Herr Mareschall / er denck unserm geheim Gespräche etwas nach. Fräulin Eudoxia ist eines Liebhabers von sonderbaren Vortrefflickeiten würdig.

BONOSUS. Dem Herrn meine Dienst!

PALLADIUS. Mein Herr / ich bleibe der Seine.

CLEANDER. Jch ersterbe der Herren bereitwilligst- und verpflichtester Diener.

Bonosus. Palladius.

BONOSUS. Jn warheit / Herr Mareschall / die Speisen waren überaus köstlich.

PALLADIUS. Der Stadthalter läst an Magnificentz nichts gebrechen / und verleuret lieber sechs Pfund Blut / als eine scrupel reputation.

BONOSUS. Aber / was sagen wir von Fräulin Eudoxia? Mein Herr Marschall / erseufftzet! sie ist wol verwechselt mit Selenen, und gehet ihr an Stande / Schönheit und Geschlecht ein weites voran.

PALLADIUS. Herr Bonosus schertzet nach seiner Art. Wir wollen zu anderer Zeit davon reden.

BONOSUS. Er ist getroffen / man merckt es aus allen seinen Geberden.

PALLADIUS. Sein Diener / mein Herr!

BONOSUS. Ein glückseliges Widersehen / mein Herr Mareschall.

Flaccilla. Cleander.

FLACCILLA. O werthestes Pfand der keuschesten Seelen / welches die Ehre der Schönesten zuretten auffgesetzet wird. O Haar / das höheren Ruhms würdig / als das jenige / welches die unzüchtigen Liebhaber um die Arme winden! O Haar / das zwar mit keinen Perlen / aber doch mit den Thränen der Keuschesten gezieret. O Haar / das keinem Golde der Welt gleich zu schätzen / und doch geringer geachtet wird

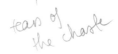

/ als Staub / von denen / die ihres grossen Reichthums sich zu eigenem Verderb mißbrauchen.

CLEANDER. Dionysi, nim den Degen / und folge mit den Pagen. Diodor, vermelde dem Herren Mareschall / daß ich seiner nebenst einer angenehmen Gesellschafft zu der Abend Collation in meinem Lustgarten gewärtig.

FLACCILLA. Ach dort komt der Stadthalter! keiner ist / dem ich meine Wahre lieber feil bieten wolte als ihm / wenn mich nicht meine euserste Scham / und sein grosser Stand ihn anzureden / verhindterte! Jch weis doch wol / daß er einem vortrefflichen Fräulin auffwarte / welcher dieses ein angenehm Geschencke seyn würde! gehe ich? stehe ich? was thu ich?

CLEANDER. Allezeit Geschäffte. Jrre ich / oder bringet diese Frau eine Bittschrifft getragen?

FLACCILLA. Ach! Er hat mich erblickt!

CLEANDER. Und scheuet sich mich anzureden? Woher meine Frau?

FLACCILLA. Ach gnädiger Herr – – –

CLEANDER. Redet unerschrocken. Was traget ihr allhier verborgen? Wo kommt ihr mit diesen Haaren her?

FLACCILLA. Ach genädiger Herr / sie sind zuverkauffen. Jch bin in dieser Meinung auff den Hoff kommen / sie iemand aus dem Frauenzimmer anzubieten.

CLEANDER. Trefflicher Handel! ich höre in Ost-Jn dien nehme man den Weibern Wolle von den Köpffen / und mache Schnuptücher draus. Was wird man bey uns nicht zu letzte mit den Haaren anfangen! last schauen eure Kramerey. Diß ist ein schönes Haar! wo der Baum so anmuthig als die Blätter / wolten wir uns wol in dessen Schatten ergetzen.

FLACCILLA. Jhr Genaden können ihrer Liebsten mit diesem Geschencke nicht unangenehm seyn.

CLEANDER. Wir wissen von keiner Liebe; und da wir unsere Gewogenheit auff eine Person geleget hätten; werde uns ja keine Kahle beliebet haben.

FLACCILLA. Die Vornehmsten unter dem Frauen- Zimmer pflegen fremde Haare mit einzuflechten.

CLEANDER. Die offt an dem Galgen abgefaulet / oder von den Frantzosen außgefressen.

FLACCILLA. Jch versichere eure Gnaden / daß von diesen Haaren nichts derogleichen zuvermuthen.

CLEANDER. Räudige Schaafe lassen die Wolle gerne gehen: und wenn der Fuchs kranck wird / so stäubet ihm der Balg.

FLACCILLA. Ach – – – Ach!

CLEANDER. Warum erseufftzet ihr so hefftig? geschichts vielleicht / weil ich euch die Warheit sage?

FLACCILLA. Ach Jhre Genaden irren in diesem Stück hefftig!

45

[handwritten note: Doesn't believe it's a good woman's hair]

CLEANDER. Warum weinet ihr? Wessen sind diese Haare?

FLACCILLA. Jch bitte demüthigst / Jhre Genaden wolle meiner verschonen!

CLEANDER. Durchaus ich wils wissen! Sind sie vielleicht einer Todten abgeschnitten worden?

FLACCILLA. Ach ihr Genaden / die Person ist bey Leben / und wol die Keuscheste die in dieser Stadt zu finden.

CLEANDER. Sind sie irgend einer geistlichen Jungfrau?

FLACCILLA. Ach!

CLEANDER. Saget sonder Weinen heraus / wessen sind sie?

FLACCILLA. Ach Jhr Genaden / sie sind – – – *[handwritten note: says it's her daughter]*

CLEANDER. Wessen? Nun fort.

FLACCILLA. Ach! meiner einigen Tochter.

CLEANDER. Also! Weil der Vogel nicht gelten will / so verkaufft ihr die Federn! betrübet euch nicht / meine Frau! mich dünckt / ich solle euch irgendswo vor diesem gesehen haben. Wo wohnet ihr?

FLACCILLA. Ach!

CLEANDER. Es muß etwas auff sich haben / daß sie sich nicht meldet. Wie ist euer Name?

FLACCILLA. Jch bin eurer Genaden Dienerin.

CLEANDER. Jch frage nach dem Namen.

FLACCILLA. Ach eure Genaden / ich heisse Flaccilla.

CLEANDER. Und die Tochter?

FLACCILLA. Sophia.

CLEANDER. Jst nicht euer Ehemann Possidippus genennet worden?

FLACCILLA. Ach ja!

CLEANDER. Was treibet euch solchen Handel zu führen?

FLACCILLA. Die eusserste Noth / mein Leben / und der Tochter Ehre zuretten. *[handwritten note: Tells of their need]*

CLEANDER. Seid ihr denn aller Mittel so gantz entblösset? weinet nicht! weinet nicht! was begehret ihr für die Haare?

FLACCILLA. Es wird in Eurer Genaden Belieben gestellet.

CLEANDER. Servili, führe sie in das Haus / und lasse ihr ein tutzend Ducaten zustellen. Verlasset euch auff mich! und wo euch was gebricht / so sprechet mich sicher an. *[handwritten note: Gives money.]*

Cleander. Dionysius.

CLEANDER. Zurück ihr Diener und Pagen! Dionysi komm hieher! kennest du diese Frau?

DIONYSIUS. Sehr wohl / genädiger Herr / sie ist aus einem der berühmtesten Geschlechter dieses Landes.

CLEANDER. Und ihre Tochter.

DIONYSIUS. Die Schönste und ärmeste / die irgend anzutreffen: aber / die zugleich den Ruhm der Keuschheit hinweg trägt.

CLEANDER. Die Jungfern sind alle Keusch / weil niemand mit Ge-schencken oder Fragen auffwartet.

DIONYSIUS. Gnädiger Herr / sie ist so hoch und offt bewehret / daß an ihrer Keuschheit nicht zu zweiffeln. Es hat nicht gemangelt an de-rogleichen Auffwartern / die bey ihrem höchsten Armuth ihr Goldes genung gebothen haben / und dennoch nichts außgerichtet.

CLEANDER. Hab ich sie nicht irgend gesehen?

DIONYSIUS. Sie hält sich trefflich eingezogen. Doch erinnere ich mich / daß sie vor dreyen Tagen in der Kirchen eurer Gnaden recht gegen über gesessen.

CLEANDER. Meinest du dieselbe in den weissen Haaren / und schwartzen Kleidern / nach welcher ich bald hernach fragen lassen?

DIONYSIUS. Eben dieselbe.

CLEANDER. Wohl / wir wollen sie auch auff die Prüfe setzen; Jch will dir Gelds genung reichen lassen. Verfüge dich noch heute zu ihr / und versuche / ob sie zubewegen.

DIONYSIUS. Gnädiger Herr / ich versichere Eure Gnaden / daß man mich in das Haus nicht lassen wird: oder / wo ich ja / als eurer Gena-den Diener / eingelassen werde / und von dergleichen Sachen zu reden anfange / eines gewissen Schimpffs werde gewärtig seyn müssen.

CLEANDER. Thu was ich befohlen. Wofern sie so fest auff ihrer Keuschheit hält / so falle das Haus an / nim sie mit Gewalt heraus / und liefere sie uns auff den Hoff. Meine Diener sind starck genung dir beizustehen.

DIONYSIUS. Genädiger Herr / dieses Stück siehet etwas weitläufftig aus.

CLEANDER. Thue was ich befehle; Du verstehest meine Gedancken nicht. Berichte mich mit ehesten / wie es abgelauffen. Jn dem Lustgar-ten werde ich anzutreffen seyn.

DIONYSIUS. Mein Herr hat die Federn gesehen / es scheinet er wil den Papagoy selbst haben. Doch ich bin ein Diener! Es stehet zu seiner Verantwortung.

Coelestina. Camilla. Palladius.

COELESTINA. Daß man zwischen ihm und Fräulin Eudoxia eine Heyrath schliessen wolle?

CAMILLA. Diß hab ich glaubwürdig vernommen.

COELESTINA. Camilla gehe zu meiner Näterin / und sage / daß sie mir meinen angedingeten Sterbeküttel verfertige. Eudoxiae hohes Ge-schlecht und vornehme Freundschafft lässet mich nu nichts mehr hoffen!

CAMILLA. Werthe Jungfrau / es sind mehr vortreffliche Männer vorhanden als Palladius! man findet ja seines gleichen noch! müssen es denn lauter Mareschalle seyn?

47

COELESTINA. Was sagest du von dem Mareschall? ich liebe nicht seinen Stand / sein Gut / sein Geschlecht / sondern nur ihn allein! ach / daß er der ärmeste auff der gantzen Welt wäre / und ich die grösseste Princessin / so könt ich ja vielleicht Mittel finden ihn zu meiner Liebe zu bewegen.

CAMILLA. Jch glaube bey meiner Seelen Seeligkeit / und wolte darauff sterben / daß unter allen Jungfrauen in dieser Stadt nicht eine / ja unter Eilff- Tausenden kaum eine zufinden / die dieser Ketzerey zugethan.

COELESTINA. Vielleicht ist in dieser Stadt / ja unter Eilfftausenden / nicht eine / die verstehe / was rechte Liebe sey. Sie lieben Geld / sie lieben Stand / sie lieben Ehre / und wenn sie sich in ihrem Sinn betrogen finden so verkehret sich die feurige Liebe in unauslöschlichen Haß. Jch liebe diß an Palladio, was ihm keine Zeit / keines Fürsten Ungnade / keine Kranckheit / kein Zufall nehmen kan / nemlich seine Tugend.

CAMILLA. Jch hasse diß an Palladio, was ihm keine Zeit / kein Unfall / keine Widerwertigkeit nehmen wird / nemlich seine hartnäckigte Undanckbarkeit.

COELESTINA. O / er komt selber! was hindert mich daß ich ihm nicht entgegen gehe?

CAMILLA. Last uns in der Thüren stehn! meine Jungfrau wird dennoch Gelegenheit haben ihn anzusprechen.

PALLADIUS. Das ist eine frembde Sache / die mir der Stadthalter erzehlet von unserm Capitain Daradiridatumtaride, daß er ihm seine Braut mit einer so trefflichen Güldenen Kette verbunden! andere mögen hinfüro die Augen besser auffthun! doch ich schätze mich glückselig / nach dem ich Eudoxien erblicket / daß ich jener Bande so leicht erlediget worden. Aber / was ist dieses / ich dachte wol es würde an Coelestines Gesichte nicht fehlen! Der Jungfrauen meine Dienste.

CAMILLA. Mich verdreust dieses Schauspiel länger anzusehen. Mich jammert der armseligen Coelestinen!

COELESTINA. Mein Herr / ich dancke ihm von Hertzen für so werthes Anerbieten / und wündsche zu der neuerlangten Ehre von dem Allerhöchsten ihm stets beständiges Glück und immerblühendes Wohlergehen!

PALLADIUS. Der Wundsch ist mir übermassen angenehm / und wäre noch angenehmer / wenn er nicht mit diesem Seufftzen besiegelt wäre.

COELESTINA. Jch mag wohl seufftzen. Ja weinen möchte ich / wenn ich bedencke / welch einen werthen Freund ich verlohren.

PALLADIUS. Die Jungfrau erzehle / wen sie verlohren / daß ich Gelegenheit nehmen könne mein Mitleiden gegen sie zu erweisen.

COELESTINA. Mein Herr / ich habe ihn selbst verlohren / sein höherer Stand hat mir ihn geraubet! auch ist es vergebens / daß er mich seines Mittleidens versichert; weil ich es nie damals von ihm hoffen können / da er noch der vorige Palladius gewesen.

PALLADIUS. Mein Stand ist mir um keiner anderen Ursachen willen angenehm / als daß ich vermeine / in und durch denselben meiner Werthen mehr und angenehmere Dienste zu leisten.

COELESTINA. Wolte GOtt / ich könte derselben seiner Werthen auffwarten!

PALLADIUS. Meine Jungfrau müste ihr denn selbst auffwarten.

CAMILLA. O falsche Wort! O verlarvetes Gesicht!

PALLADIUS. Was sagt Jungfrau Camilla?

CAMILLA. Nichts / als daß ihre Genaden in dem Wahn / daß sie Fräulin Eudoxien vor sich haben.

PALLADIUS. Warum das? verdienet Jungfrau Eudoxia nicht alle Ehrenpflicht?

COELESTINA. Mein Herr / ich muß es gestehen / daß sie die höchste verdiene: weil sie dem Gefallen / welchem nichts / als die Vollkommenheit selbst gefallen kan. Jch wündsche nur / daß selbige ihm ewig gefallen möge!

PALLADIUS. Sie gefällt mir nicht anders / als alle Fräulin von Tugend und Stande / welchen ich schuldig bin mit Darsetzung meines Lebens zu dienen; und Jungfrau Coelestina hat nicht anders von mir zu vermuthen / als eine auffrichtige Gewogenheit.

COELESTINA. O kalte Worte! mein Herr Palladi! ich bitte / er sey auffs wenigste eingedenck / daß Coelestine sich glückselig schätzen würde / wenn mein Herr Gelegenheit finden möchte / sich ihrer Güter und Mittel zu gebrauchen.

PALLADIUS. Habe ich nicht Ursach mich über Jungfrau Coelestinen zu beklagen / die mir ihre Güter anbeut / und die Gunst versaget / das ist / die Schalen anbietet und die Frucht vor sich behält.

COELESTINA. Man überreichet die Frucht keinem dem sie nicht angenehm / vornemlich / wenn sie für sich selbst unwerth. Solte sich aber Gelegenheit finden / in welcher ich darthun könte / wie hoch Coelestine Palladium ehre / wolte ich kein Bedencken tragen / dieses mein weniges Leben vor das seine auffzusetzen.

PALLADIUS. O auffrichtiges Gemüth! Warum laß ich mich länger meine eigene Fantasien verleiten? Wolte GOtt / wertheste Jungfrau / mir were möglich ihr mit gleicher Liebe und Ehren-Neigungen zu begegnen. Unterdessen / gebe ihr ich mich selbst zu einem Pfande der von mir versprochenen Dienste / und bitte sie / sie geruhe zu glauben / daß sie die einige sey / welche durchaus und allein über Palladium gebieten mag.

Coelestina weinet.

CAMILLA. Mein Herr Palladi, wir haben die hohen Worte des Hofes längst kennen lernen!

PALLADIUS. Der Hoff führe solche Worte / wie er wolle! meine Worte sollen ewig feste bleiben. Jch schliesse mit dieser Faust / mit welcher ich die ihre umfange / die ich inbrünstig küsse.

COELESTINA. Mein Herr Palladi, was werde ich ihm für so werthes Geschenck übergeben können / daß ihm angenehm?

PALLADIUS. Jch begehre nichts / als ihre mir zuvor versprochene Gewogenheit!

CAMILLA. Meine Jungfrau / ich höre Volck ankommen.

COELESTINA. Jch bitte / mein Herr Palladi, trete etwas mit ab in mein Hauß / in welchem er über alle zu gebieten!

Selenissa. Antonia.

ANTONIA. Jch bin das allerelendeste Weib / das auff der Erden lebet!

SELENISSA. Der Auffschneider! der Holuncke! der Cujon! der Berenheuter! der Landlügner! der Ehren-Dieb! der Ertzberenheuter! Jch elende verlassene Jungfrau! was fange ich an?

ANTONIA. So gehts / wenn man der Eltern guten Rathe nicht folgen will.

SELENISSA. Jch will ihm seine falsche Kette um den Hals werffen / und den Buben damit erwürgen.

ANTONIA. Jhr werdet beyde zu Landläuffern werden / und ich vor Wehmuth sterben müssen.

SELENISSA. Ey Frau Mutter! es ist noch Rath / Palladius liebet mich von gantzer Seelen. Er wird kein Mittel unterlassen mich von dem Betrieger loß zu machen: Bonosus ist auch der meine / nehmet nur die Mühe auff euch / und redet ihn an / ich wil Gelegenheit suchen Palladium zu finden. Es sind ja Mittel vor alles Ubel / ausser dem Tode.

ANTONIA. Sol ich gehen / und soll unsre eigne Schande an die grosse Glocke schreiben? Die du vorhin so liederlich verachtet hast / werden nunmehr viel nach dir fragen.

SELENISSA. Frau Mutter / man muß das euserste versuchen! Jch wil mich lieber lebend begraben lassen / als mit diesem leichtfertigen Menschen vermählen. O sehet! sehet! das Glück selber spielet mit uns. Herren Palladii kleiner Page kommet dort hervor / durch diesen kan ich ihm auffs bequemste meine Meynung wissen lassen.

Florianus. Antonia. Selenissa.

FLORIANUS *hat beyde Hände voll Zuckerwerck / und taumelt von einer Seiten zu der andern.* A sa! sa! sa! Jch bin sticke wicke voll! daß ist ein frölicher Tag / ich wollte / daß diß Leben hundert Jahr wäre / und dieses der erste Tag seyn solte! Der Herr Mareschall wird Morgen ein trefflich Panckret halten. Deswegen hat er mich nach hause geschickt

/ daß ich es bestellen soll / wie ich aber die Thüre heraus gehen wolte / begegnete mir Jungfer Rosinichen / die ließ confect herauff tragen. Jch küssete sie einmal / und sie füllete mir alle beyde Hosen- Säcke voll Zucker Näscherey.

SELENISSA. Was saget er von dem Mareschall? Er wird ja nicht von dem Palladio abgeschafft worden seyn?

FLORIANUS. Sehet aber / was trug sich ferner zu; es blieb bey diesem Glücke nicht / Jungfrau Camilla ruffte mir zurück / und fragte ob ich nicht Durst hätte / und reichte mir eine grosse silberne Kanne von rotem süssen Weine / die schier so groß war / als ich selbst. Jch erbarmete mich darüber / und tranck aus allen meinen Kräfften / biß nicht ein Tropffen mehr darinnen übrig. Hernach lieff ich fort / und sah' daß Jungfer Coelestina an statt einer Thür zwey gebauet hatte! nu das gehet auff Hause zu.

SELENISSA. Florentin, steh stille.

FLORIANUS. Ho la! wer ruffet mir?

SELENISSA. Kennest du mich nicht mehr Florian?

FLORIANUS. O Jungfrau Selenissa, habt ihr doch zwey Häupter und vier Augen bekommen! O sehet doch / wie viel Sonnen! eine / zwey / drey / viere / fünffe.

SELENISSA. Höre doch Florian, was ich dir sagen will?

FLORIANUS. Guten Morgen! guten Morgen / Frau Antonia!

ANTONIA. Es ist ja nicht Morgen / ist es doch schon über Mittag.

FLORIANUS. Jungfrau Selenissa, wolt ihr ein paar überzogne Mandelkernen haben / oder ein Stücke Marzipan / die Lippen werden so süsse darnach werden.

SELENISSA. Wo hast du so viel confect bekommen?

FLORIANUS. Wo! bey Jungfrau Coelestinen ist die gantze Taffel voll gesetzet. Wir werden Hochzeit machen: Der Herr Marschall und Jungfrau Coelestina, und ich und Jungfrau Rosinichen.

SELENISSA. Dienst du nicht mehr Herren Palladio?

FLORIANUS. Warum solte ich nicht mehr bey ihm dienen / sonderlich nun es so stattlich bey uns hergehet / morgen wird er uns allen neue Hosen und Mäntel geben von gelbem Sammet mit grünen güldenen Posementen.

ANTONIA. Was machst du denn bey dem Mareschall?

FLORIANUS. Jhr seyd truncken / Frau Selenissa, und auch ihr Jungfer Antonia! wenn ich bey Herrn Palladio bin / so bin ich ja bey dem Mareschall; wisset ihr nicht / daß mein Herr ist Marschall worden?

ANTONIA. O daß erbarme GOtt in Ewigkeit! Tochter Tochter / wir sind verlohren.

SELENISSA. Frau Mutter / es ist noch nichts nicht verlohren.

FLORIANUS. Jungfrau Selenissa! Auff meines Herren Hochzeit wollen wir mit einander tantzen!

SELENISSA. Ja wenn dein Herr wird mit mir Hochzeit haben.

[handwritten: He's going to marry Coelestina.]

FLORIANUS. Nein / nein! er wird mit Jungfrau Coelestina Hochzeit haben.

ANTONIA. Jch rauffe mir die Haare aus dem Kopffe.

SELENISSA. Wer hat das gesaget?

FLORIANUS. Jch habe es gesaget / mein Herr hat es gesaget / und Jungfer Coelestine hat es gesaget. Ach! er hat Jungfrau Coelestinen eine Schnur Perlen gegeben sechs Ruten lang / jedwede Perle war so groß / als mein Kopff / und einen grossen güldnen Ring mit einem gläntzernden Steinlein / nicht einen solchen Rinck / wie ihr mir neulich verehret; Nein / er war mehr als zwölff Silbergroschen werth.

SELENISSA. Was hat ihm Jungfrau Coelestina gegeben?

FLORIANUS. Sie küsset ihn / daß es eine Lust zu sehen war / gab ihm einen Hauffen Rosinen / Feigen / überzogne Mandelkernen / überzogne Zienement / sie ließ die Musicanten holen / und stackte ihm an den kleinen Finger ein so gläntzend Steinlin / mit einem Ringe / daß ich mich drüber verwundern muste. *Diese Worte singet er.* Jch muß heimgehen / heimgehen / lasset mich heimgehen / daß ich bald wiederkommen kan; Jch höre so gerne singe Christoffen zu / der hat ein krummes Eisen von Messing / das stecket er in den Hals / und zeucht es immer auff und nieder / biß seine Gedärme zu schnurren beginnen.

SELENISSA. Wilst du nicht deinem Herren ein kleines Brieflein bringen / welches ihm ein guter Freund geschicket. *[handwritten: Sends Paul a letter]*

FLORIANUS. Gar gerne. Gebet mir den Brieff her.

SELENISSA. Lauff nach Hause; Wenn du wirst vorüber gehen / so klopfte hir an: ich wil den Brieff suchen.

FLORIANUS. Guten Tag denn / Jungfrau Antonia, guten Morgen / Frau Selenissa!

ANTONIA. O Tochter! Tochter! welch ein Glücke hast du muthwillig verschertzet?

Cyrilla. Daradiridatumtarides. Sempronius.

CYRILLA. Qvibus, qvabus! sanctus Haccabus. Surgite mortis; fenitur sie judis. Ach Jusuph du lieber Mann / bist mein Compan. Pater nisters gratibis plenis.

DARADIRIDATUMTARIDES. Unsre Erden-eindrückende Schenckel / les portecorps de moy mesme, werden nunmehr den betlichen Himmel meiner irdischen Juno, nieder treten sollen. Weil wir aber es an nothwendigen Speisen nicht müssen ermangeln lassen, wollen wir unterdessen diesen Ring zu Pfande setzen / biß wir Gelegenheit haben selbigen wider an uns zubringen. Mein Diego hat die alte Cyrille, la diablesse des femmes, hieher bestellet / die wollen wir nun erwarten / denn wenn sie zu uns in das Hauß kommen solte würde es nur Argwohn verursachen.

[handwritten: Swapping ring (pawning) for food]

52

CYRILLA. Der Kackelthen Drumtraris hat mich auff diesen Ort erbitten lassen / er wird vielleicht / weil er Hochzeit machet / meiner Hülffe von nöthen haben!

DARADIRIDATUMTARIDES. Dort kommet sie hergeschlichen.

CYRILLA. Da kommet er gegangen / Cosper, Baltzer, Melcher zart / Herodis hatte einen langen Bart / sie liegen zu Köllen am Rheine.

DARADIRIDATUMTARIDES. Bonjour, Bonjour, Madame Cyrille.

CYRILLA. Was saget ihr / o Hure / o Hure Mame Zyrille! och Herr! och Herr GOtt! heissen mich doch nun alle Leute eine Hure / sie thun mir groß Unrecht! ich halte Caetherle hat irgend was gesaget.

DARADIRIDATUMTARIDES. Je vous recontre heuresement.

CYRILLA. Seyd ihr contra Band.

DARADIRIDATUMTARIDES. Qvoy!

CYRILLA. Hoy! hoy!

DARADIRIDATUMTARIDES. Comment vous estes vous porté.

CYRILLA. Schreyet ihr über mich Mord und Weh? O mein Lebenlang habe ich kein Kind umgebracht!

DARADIRIDATUMTARIDES. Qvel Diable.

CYRILLA. Daß ich sie sabele.

DARADIRIDATUMTARIDES. Jhr verstehet den Teuffel.

CYRILLA. Ach Herr / ich verstehe mich nicht mit dem Teuffel. Ach! in principipis *Sie macht ein Creutze.* ero verbibus, was erlebet man auff seine alte Tage nicht?

DARADIRIDATUMTARIDES. Jhr verstehet mich nicht recht / Frau Cyrill. Jch hab anders mit euch zu reden / Entendez vous.

CYRILLA. Tand zu der Kuh. Herr eine gute melcke Kuh ist kein Tand.

DARADIRIDATUMTARIDES. Ey mit dem Narrenpossen / Ecutez ecutez, Frau Cyrilla.

CYRILLA. Ja Herr / ich bin heut in den Koth gefallen / die schelmischen Jungen die Brodtschüler haben mich hinein gestossen.

DARADIRIDATUMTARIDES. Jch darff nöthig Geld.

CYRILLA. Das sagt die gantze Welt.

DARADIRIDATUMTARIDES. Könnet ihr mir nicht auff diesen Ring etwas zuwege bringen? Doch ihr müstet ihn in einen Ort tragen / daß er nicht erkennet wird.

CYRILLA. Das will ich gar gerne thun. Aber Herr Muscetariis, wenn wolt ihr das Geld haben?

DARADIRIDATUMTARIDES. Noch heute vor Abends / si cela est dedans la sphere d'activite de vostre cognoissance.

CYRILLA. Es ist ein schweres gehacke / rothe Eyer in die Mohnsantzen. Doch will ich sehen / was ich kan zuwege bringen.

DARADIRIDATUMTARIDES. Kommet fein zeitlich wider / und lasset mich durch Don Diego wissen / was ihr verrichtet. Adieu.

CYRILLA. Nu der liebe GOtt bewahre euch. Das sagen die sieben Siegel / das alle Fische werden brüllen / die Engel werden weinen /

und werffen sich mit Steinen / die Wege werden schwimmen / die Wasser werden glimmen / die Gräßlein werden zannen / und alle hoche Tannen. Da kommet her Feccphoniis, dem werde ich den Ring geben / und werde sprechen / daß ihm Jungfrau Coelestina dieses Liebes Pfand geschicket. Die Perlen will ich vor mein Kätterlein behalten / und den Kackelthen wil ich anderwerts wo ich kan / forthelffen.

SEMPRONIUS. Ut nox longa qvibus mentitur amica diesqve. Horatius in Satyr. Tot sunt in amore dolores. Virgilius in Ecclog. Wo mag sich Cyrille so lange auffhalten / suspicatur animus nescio qvid mali, videone illam? sie ist es selbst.

CYRILLA. Jm Himmel / im Himmel / sind Freuden so viel / da tantzen die Engelchen und haben ihr Spiel.

SEMPRONIUS. Expectata venis!

CYRILLA. Fragt ihr / ob Speck zu Wehn ist? O ich bin mein Lebenlang nicht dorte gewesen.

SEMPRONIUS. Διὰ τί οὕτω βραδέως ἥκεις;

CYRILLA. Nein / der Tod hat mich nicht geküsset.

SEMPRONIUS. Non asseqveris divinas ratiocinationes meas, nec satis aptè respondes ad qvaesita.

CYRILLA. O Herr / ihr redet gar zu geschwinde. Jch weis nicht / ob es Böhmisch oder Polnisch sey.

SEMPRONIUS. Loqvar ergo tardius.

CYRILLA. Woher irgend ein Marder ist?

SEMPRONIUS. Antwortet purè.

CYRILLA. Beym heilgen Creutze / ich leid es in die Länge nicht! Last mich mit der Hure ungestichelt / bin ich eine / so bin ichs vor mich! Was ist euch daran gelegen? mir geschicht unrecht! ich bin so reine / als ich von Mutterleibe geboren worden bin! alle Leute heissen mich heute eine Hure. Ketterle / Ketterle muß geschwatzet haben.

SEMPRONIUS. Bildet euch doch nicht dergleichen Gedancken ein / absit injuria!

CYRILLA. Nun sehet / ihr heisset mich eine Pfaffenhure und ich soll immer schweigen.

SEMPRONIUS. Ey nein doch / ich rede Ciceroniane / und ihr verstehet es nicht.

CYRILLA. Jch verstehe genung / daß ihr mich stichelt / und außholippert.

SEMPRONIUS. Jch frage / qvid respondet Coelestina?

CYRILLA. Ja / ja / sie ist verwundet Coelestina, sie lässet euch einen freundlichen guten Tag vermelden.

SEMPRONIUS. Evax!

CYRILLA. Nein Herr / es ist nicht Kickskacks. Sie nahm die Perlen / und hieng sie an ihren Hals. Ach sie thät so freundlich das liebe Kind!

SEMPRONIUS. Deus sum!

CYRILLA. Sie gab sie nicht Matthesen um: sie behilt sie selber.

SEMPRONIUS. Qvid me beatius?

CYRILLA. Sie sagte nichts von Pilatzius!

SEMPRONIUS. Aber / num qvid addidit?

CYRILLA. Ob sie Vieh hütt?

SEMPRONIUS. Thut sie mir sonst kein präsent?

CYRILLA. Ja Herr / sie küsset euch die Händ / und schicket euch diesen Rinck; Sie lässet euch darneben einen guten Abend sagen / und andeuten / daß ihr auff den Abend um neune sie besuchen sollet in dem hinter Garten.

SEMPRONIUS. Ὑμὴν ὦ ὑμέναιε, ὦ ὑμήν.

CYRILLA. Simen wird nicht auff die Zeit zu Hause seyn.

SEMPRONIUS. Jch werde rasend prae laetitia atqve gaudio.

CYRILLA macht ein Creutz. Je behüte GOTT / Herr Ficfonys! ich hab es lange gedacht / daß er nicht muß klug seyn / weil er so seltzame Worte im Reden gebraucht.

SEMPRONIUS. Jch bin nicht unsinnig / sondern es ist eine Art also zu reden bey den Lateinern.

CYRILLA. Nu wollet ihr denn auff den Abend kommen?

SEMPRONIUS. Ἀσμένως ποιήσω.

CYRILLA. Nicht zu Herr Asman, sondern zu Jungfer Coelestinen.

SEMPRONIUS. Sic, sic, sic, sic, sic, sic, sic, sic, sic, sic.

CYRILLA. Je Herr ist doch keine Ziege dar!

SEMPRONIUS. Jch will schon da seyn mellea.

CYRILLA. Herr sie wird euch keine Merlin geben.

SEMPRONIUS. Unterdessen will ich gehen / und auff diesen Rinck hoc amoris pignus, hanc fidei arrham, dreissig tausend Epigrammata, siebenhundert Sonneten / Septenarius est numerus mysticus, und hundert Oden machen.

CYRILLA. Jch will auff den Abend mich in den Garten verstecken / daß Herr Sephonius glaubt / Jch sey Coelestine, und kriegt er mich einmal / so muß er mich behalten sein Lebenlang.

Sophia. Flaccilla. Dionysius.
Palladii Gesinde mit blossen Degen um ihn her. Dionysius hat die Jungfrau auff den Arm. Flaccilla laufft hinter ihnen her.

SOPHIA. Gewalt / Gewalt! O rettet! rettet! kommet mir zu Hülffe / die ihr Ehre und Keuschheit achtet.

FLACCILLA. Kommt mir zu Hülffe / rettet! rettet!

DIONYSIUS. Fort ihr Brüder / fort! fort! gebet Feuer wo iemand kommet.

SOPHIA. O Himmel / ist denn keine Hülffe mehr verhanden!

HORRIBILICRIBRIFAX. Jch höre Gewalt ruffen! sind die Pistolen richtig?

HARPAX. Recht wol / gestrenger Herr!

HORRIBILICRIBRIFAX. Solte einer sich unterstehen eine Gewalt dar zuverüben / wo der grosse Horribilicribrifax (Essend' io persona d'altissimo affare) zugegen / da müste der Himmel drüber brechen / und die Erden in lauter Staub verkehret werden. Kommet / wir wollen folgen. Qvesta è di cosa decente al esser mio.

HARPAX. Jch folge. Wo Noth vorhanden / wird mein Herr gewiß der fertigste zu dem Lauff seyn / und ich der nechste hinter ihm!

H to come to the rescue!

Der fünffte Auffzug.

Florianus. Selenissa. Antonia.

ANTONIA. Bey Bonoso ist nichts mehr / wie du siehest / zu suchen / er verachtet / und nicht sonder Ursach / diese / die vorhin seiner nicht geachtet.

SELENISSA. Es ist daran nichts gelegen / wenn Palladius noch unser ist.

ANTONIA. Jch fürchte / wir werden bey Palladio ankommen / wie wir verdienet! ich sehe nichts / als unser höchstes Unglück in bester Vollkommenheit.

SELENISSA. Auffs wenigste hoffe ich Antwort auff mein Schreiben zu erhalten. Mich dünckt / ich sehe den kleinen Florian daher gelauffen kommen.

FLORIANUS *singend.*

    Lustig ihr Brüder: auff lasset uns leben!
    Lesbia meine Freud' hat sich ergeben!
    Wer mich wil neiden / der müsse zuspringen!
    Lustig ihr Brüder / es wil mir gelingen!

Hola! *Er jauchtzet etliche mahl nacheinander / nachmals fähret er fort.* Guten Morgen / guten Morgen / Jungfrau Selenissa.

SELENISSA. Es ist nunmehr Abend / nicht morgen.

FLORIANUS. Um welche Zeit des Abends wird es Abend?

ANTONIA. Wenn die Sonne wil untergehen.

FLORIANUS. O warumb geht die Sonne nicht alle Abend dreymal unter / so gienge ich mit meinem Herren jedwedern Abend dreymal zu Gaste.

SELENISSA. Was machst du mit der Fackel?

FLORIANUS. Jch will sehen / ob gut Wetter ist / Jungfrau Selenissa, um welche Zeit des Abends schlägt es sechse?

ANTONIA. Wenn es vier Viertel nach fünffen geschlagen hat.

SELENISSA. Bringest du mir keinen Brieff / mein Kind?

FLORIANUS. Bin ich euer Kind? so seyd ihr meine Mutter: warum habt ihr mich denn keinmal geküsset?

SELENISSA. Wo du mir einen guten Brieff bringst / so will ich dich zweymahl küssen!

FLORIANUS. O ich habe einen schönen Brieff mit rothem Lack zuge-siegelt. Jn meines Herren Schreibekammer ligen etliche tausend Brieffe; wo ihr mich für jedweden küssen wollet / wil ich euch morgen beyde Hosen Säcke und mein Hemde voll bringen / aber für die grossen / an welchen die Schönen Siegel hangen / müsset ihr mich viermal küssen.

SELENISSA. Hast du denn ietzunder keinen Brieff bey dir?

FLORIANUS. Ja / ja / mein Herr hat mir einen gegeben.

SELENISSA. Laß mich den Brieff sehen!

FLORIANUS. Jhr müsset mir zuvor Tranckgeld geben.

SELENISSA. Du solt auff meiner Hochzeit mit mir tantzen.

FLORIANUS. Nein / ich tantze nur mit meiner Rosinen! dis ist der Brieff!

ANTONIA. Es ist seine eigne Hand.

FLORIANUS. Guten Tag / guten Tag! ich muß fort! Morgen um zwey zu Mittage / wenn Mitternacht ist / wil ich widerkommen / und mehr Briefe mitbringen.

ANTONIA. Laß schauen / was hat er geschrieben.

SELENISSA. O ich bin des Todes!

FLORIANUS.

Lustig ihr Himmel / ich habe gewonnen
Sie / die Durchlauchtigste unter der Sonnen;
Lustig ihr Sternen / ich werde sie haben:
welche die Götter und Geister begaben.

Gehet singend hinein.

SELENISSA *lieset den Brieff.* Wehlende und unbesonnene Jungfrau / die Zeit ist nunmehr aus / in welcher ich meiner Vernunfft beraubet / euch einig zu Gebote gestanden. Jzt erkenne ich meine Thorheit / und schertze mit eurer Unbedachtsamkeit. Die allerkeuscheste und vollkomneste Seele Coelestina hält mich auff ewig gebunden / und wünschet euch Glück zu eurer Hochzeit mit dem elenden Auffschneider / welchen ihr euch allein zu stetem Schimpffe / wackern Gemütern vorgezogen. Gehabt euch wohl mit ihm / und bleibet von mir / weil ihr meines Grusses nicht bedürffend / ewig gesegnet! *Selen. fält nieder / und wird ohnmächtig.*

ANTONIA. Dieses Unglück hab ich vor langer Zeit als gegenwärtig gesehen. Selene! Selene! *Sie ziehet die Tochter hinein.*

Daradiridatumtarides. Don Diego.

DARADIRIDATUMTARIDES. O rage! o dese Spoir! Daß müssen siebzehn hundert tausend Frantzosen walten / daß meine Braut so arm / und ich nichts / als lauter Betteley bey ihr zugewarten: das wäre ein Fressen für Capitain Daradiridatumtarides.

DON DIEGO. Was ich sage / hab ich aus glaubwürdigem Bericht.

DARADIRIDATUMTARIDES. Da hat pour dire le vrai, ein Teuffel den andern beschissen / wer wil sie nun beyde wischen? Ha funeste object! bey der Seele des Großvaters von Machomet, die Ertzbestien zihen auf! als lauter Prinzessen! es bleibet bey Tausenden nicht! man kommt auf hundert tausend. Wenn man es aber bey dem Lichte besihet / und man mit einander verkoppelt / so sind es ohngefehr zwey Papire

/ die Le Grand Diable des Juristes selber nicht zu Gelde machen können; und kaum so viel kahle Marck bahres Geldes / daß man Arswische
darvon auffs Scheishaus / und SchwefelLichter in die Küchen kauffen
kan. Doch / point du prouit, sie hat noch etwas von göldnen Ketten
und Perlen / das muß hebräisch lernen / dir in Vertrauen entdecket /
Fendions le vent Morgen weil sie noch schläfft! was nicht mitgehen
wil / das nehmen wir / und sehen / ob unsere Klepper noch das Thor
finden können. Wir müssen anderswo unser Glück suchen! faisons,
selon le lieu, & le temps. *Plotting*

Selenissa. Antonia. Daradiridatumtarides.

SELENISSA. Mit dem Klepper zu dem Thore hinaus? da soll dir der
Teuffel ehe den Hals brechen / ehe es dazu kommet. Jch will ihn anre-
den.
DARADIRIDATUMTARIDES. Voila, dort kommt meine Reiche.
SELENISSA. Finde ich meinen Bräutigam so hier allein!
DARADIRIDATUMTARIDES. Nenni, sondern vergesellet mit seinem
unüberwindlichen Gedancken / avec un ceur d'un Mars. Was machet
meine Werthe hier vor der Thüren? *Tells him his necklace = worthless*
SELENISSA. Sie muß sehr unwerth seyn / weil ihr Geschencke so ge-
ring geachtet / daß es nicht an seinem Finger mehr Platz haben kan.
DARADIRIDATUMTARIDES. Mort de ma vie, es gilt hir eins ums
ander! weil sie unsre Kette nicht würdiget an ihren Hals zuhencken /
stehet uns auch der Rinck nicht an.
SELENISSA. Wir sind niemals gewohnet / Ketten von Messing zu
tragen.
DARADIRIDATUMTARIDES. Cocqvette arrogante! Habt ihr doch
keine bessre zubezahlen. Jch wil lieber Messing das mein eigen ist als
geliehen Gold! oder habt ihr mich wegen des Geldes genommen? Jch
halte diese Ketten höher / als aller närrischen Jungfern Tocken-Kram!
hab ich sie euch für golden gegeben? Jch habe sie dem Könige in
China, als ich für dreyen Jahren mit den Tartern eingefallen / und ihr
General gewesen / mit meinen eignen Händen von dem Halse gerissen.
Und daselbst schätzet man Messing weit über Gold.
SELENISSA. Ander Land / andre Sitten! wenn ich ihm zu arm / hätte
er eine mögen in China heyrathen / die etliche Königreiche besessen
hätte.
DARADIRIDATUMTARIDES. C'est assetz. Je cherche vous. Andere
kan ich ieden Augenblick haben. Als wenn mir nicht die Königin von
Monopotapa noch gestern durch einen eignen Curir ihr Königreich
hätte anbieten lassen / mit dem Bedinge / daß ich sie heyrathen solle!
ANTONIA. Er heyrathe sie denn nach seinen Willen / und lasse mich
und mein Kind unbetrogen.

Says he's had other offers

Antonia says he should marry s.o. else!

59

DARADIRIDATUMTARIDES. Was? wolt ihr mir die Heyrath auffkündigen? Outrage pour l'outrage! da soll euch der Donnerknall von Carthaunen darfür erschlagen! euch zu Trotz müst ihr mich haben / ihr sollet mich haben / und wenn ich euch gleich nicht haben wolte / so will ich dennoch euch anietzo behalten; damit ihr sehet / daß es nicht in eurer / sondern in meiner Macht stehe mit euch zuhandeln / zu thun und zu lassen / zu schalten und zu walten. Jch mag euch verschencken / verkauffen / verstechen / verjagen / verschicken / verwechseln / verbeuten / ihr seyd mein avec tous ces deffauts, nicht anders / als leibeigen; darnach habts euch zurichten / denn das ist unser endlicher / ernster / und ungnädigster Wille. *Er gehet darvon.*

SELENISSA. Jch will mein Leben daran setzen / und nicht ruhen / biß ich seiner loß worden / oder ihn von dem Platze gebracht. Jch will den Capiten Horribilicribrifax auff ein paar Worte zu mir bitten lassen. Der wird mir schon zu diesem Stück beförderlich seyn.

Coelestina. Palladius. Camilla.

COELESTINA. Nunmehr befinde ich mich in dem Besitz höchster Glückseligkeit / nun ich seiner treuen Gegenliebe versichert.

PALLADIUS. Welche in und um uns brennen und würcken soll / biß unsre Leiber in Aschen verkehret.

COELESTINA. Auch unter der Aschen der erblichenen Leichen sol sie noch glimmen / und unsre auffgerichtete Grabzeichen sollen nichts anders seyn / als Denckmahle der schlaffenden Liebe / biß wir auff den Tag der grossen Vereinigung in Vollkommenheit der Liebe auffs neue ewig mit einander vermählet werden.

PALLADIUS. Es ist numehr Zeit / den Herren Stadthalter zürsuchen. Wo sind die Diener?

COELESTINA. Camilla komm und folge.

Cyrilla mit schönen Kleidern angezogen / und auffgeflochtenen Haaren.

CYRILLA. Verwundert euch nicht / daß ich so schöne bin / die Kleider hab ich bey einer Jüdin geborget / um Herren Vixephonigis eine Nase zu machen. Jungfer Coelestina ist nicht daheime / das weiß ich wol. Deswegen kan ich mich desto besser in ihrem Lust-Garten verstecken. Wo ich ihn diesen Abend recht betrüge / muß er mich sein Lebenlang behalten! Da komt der Monden. Sey mir gnädig du neues Licht / für das Fieber und auch die Gicht. u.d.g.

Selenissa. Horribilicribrifax. Harpax.

HORRIBILICRIBRIFAX. Sie zweifele nicht / er ist todt! es ist unmöglich / daß er leben kan / wenn sie sich meines Degens / mit welchem io rompe esserciti, e fracasso armate, metto Spavento al Cielo, al mare & al inferno, darzu gebrauchen wolte. Ja mit einem Anblick kan ich ihn von der Erden heben. Solte mich eine Jungfrau um etwas ansprechen / das ich ihr versagen könte! [*Wants if to kill Daradi.*]

SELENISSA. Er muß entweder todt seyn / oder ich muß bey ihm nicht leben / und solte ich gleich des andern Tages den Kopff lassen! lieber einmal muthig und hurtig gestorben / als sein Lebenlang in Jammer und Elend gestecket.

HORRIBILICRIBRIFAX. Veramente pensiero nobilissimo. Und warum Verzogen? Die Jungfrau glaube sicher / das Werck ist sonder alle Gefahr.

SELENISSA. Wenn ihn nur niemand meldet.

HORRIBILICRIBRIFAX. Was? mein gantzes Verlangen ist d'esser cognosciuto! Denn es ist vornemlich daran gelegen / daß man wisse / wer die That verrichte. Denn die gemeine Kundschafft von meiner Großmüthigkeit hebet alle Gefahr auff. So bald / als die tödlichen Wunden an den Leichen gesehen werden / schleust man / daß sie von keines andern Hand / als von der meinen herrühren. So bald als sie vor die meinigen erkennet werden / ist kein Mensch / welcher klagen / kein Zeuge / der etwas ablegen / kein Notario, der etwas schreiben / kein Advocato, der den Process formiren, kein Stadt-Diener der angreiffen / kein Richter der examiniren, keine Obrigkeit die urtheilen / kein Scharffrichter der exeqviren dörffte. [*They'll know it was him*]

HARPAX. Es ist nicht anders / als wie mein Herr erzehlet. Jch weiß mich noch wohl zuerinnern / daß er / nach dem er einen niedergestossen / sich aus einem sondern capricio selber bey dem Richter für den Thäter angegeben habe. Der Richter aber / damit er nicht in Gefahr geriethe / gab für / als wenn er dem Capiten keinen Glauben zustellete / damit er seiner nur mit Ehren loß werden konte.

SELENISSA. Es ist unglaublich.

HARPAX. Noch ein andermal gab er sich für einen Bandito aus / und ließ sich zu dem Galgen führen. Es war zu Venedig auff Sanct Marcus Platz. Als er nun die Leiter mit dem Hencker hinauff gestiegen / rieß er die Stricke entzwey / sprang über das Volck in ein Schiff / und ließ den Hencker selbst angeknüpfft.

HORRIBILICRIBRIFAX. Cane cativo! furfante senza ingegno! Must du dergleichen Stücke von mir erzehlen / als wenn es sonst an Heldenthaten mangelte / die ich verrichtet habe. Nun zu der Sachen! signora mia belissima, sie entschliesse sich / auff welche Art sie ihn will hinrichten lassen. Will sie / daß ich ihn mit dem Arm nel'aria in die Lufft schmeisse / daß er sich in dem Elementarischen Feuer anzünde? will sie / daß ich ihn mit einem zornigen Anblick in einen Felsen verwandele? will sie / daß er von dem Schnauben meiner Nasen / als Schnee zurschmeltzen müsse? will sie / daß ich ihn per le treccie

[*How do you want me to kill him?!*]

61

auffhebe und zu Boden werffe / daß er in die Sechs und dreissig mahl hundert tausend Stücke zerspringe / wie Glaß?

SELENISSA. O ich komme von mir selber über diesem Erzehlen! Der Herr Capiten mache es auffs kürtzte / und schiesse ihm ein Pistol durch den Kopff! *Says he doesn't need weapon*

HORRIBILICRIBRIFAX. Die Jungfrau verzeihe mir / ich gebrauche mich keiner vortheilhafften und berenhäuterischen Waffen de latri & assassini, wenn ich etwas verrichten will. Will sie / daß ich ihm einen Nasenstüber gebe / daß ihm Stirne / Gehirne / Augen / Nase / Maul / Wangen / so untereinander gemenget werden / daß er sich sein Lebenlang nicht mehr kenne?

SELENISSA. Jch stelle alles in des Herren Capitens Belieben / wenn ich nur seiner loß werde.

HORRIBILICRIBRIFAX. Or su! finiamo la qvi, es soll schon gehen / wie es gut ist.

SELENISSA. Jch stelle mich und meine Ehre in seine Hände. Der Herr Capitain bleibe gesegnet.

Sempronius.

SEMPRONIUS. Nox erat & coelo fulgebat luna sereno, inter minora sidera. Horatius. Speluncam Dido, Dux & Trojanus eandem devenient, Virgilius Lib. 2. Aeneidos. Κωμάσδω ποτὶ τὰν Ἀμαρύλλιδα. Theocritus. Das heist / Herr Sempronius wird zu Jungfrau Coelestina gehen. Qvas volvit fortuna vices? Statius lib. 10. Thebaidos. Wer hätte dis heute morgen geglaubt? Aber es heist: kein verzagtes Hertz krieget eine schöne Dam. Non per dormire poteris ad alta venire! Sed per studere poteris ad alta sedere. Nun / das gehet drauff hin! Casta fave Lucina! Sparge marite nuces, hilaris, tibi ducitur uxor! Virgilius in Eclogis.

Thinks he's going to see Coel. (But Cyrilla disguised as her)

Bonosus.

BONOSUS. Die resolution ist gefasset. Herr Palladius ist fest mit Coelestinen, und ich / durch Zuthuen des Stadthalters mit Eudoxia. Man erwartet meiner / wie ich vernehme / bey dem Herren Cleander. Derowegen ist es Zeit / daß ich mich nicht länger auffhalte / sondern mit ehesten dahin verfüge.

Daradiridatumtarides. Horribilicribrifax.

HORRIBILICRIBRIFAX. Und wenn du mir biß in den Himmel entwichest / und schon auff dem Lincken Fuß des grossen Beeren sessest / so wolte ich dich doch mit dem rechten Spornleder erwischen / und mit zweyen Fingern in den Berg Aetna werffen.

62

DARADIRIDATUMTARIDES. Gardez-vous Follastreau! meinest du / daß ich vor dir gewichen? und wenn du des grossen Carols Bruder / der grosse Roland selbst / und mehr Thaten verrichtet hättest / als Scanderbeck / ja in die Haut von Tamerlanes gekrochen werest / soltest du mir doch keine Furcht einjagen. *Not scared of him*

HORRIBILICRIBRIFAX. Jch? ich will dir keine Furcht einjagen / sondern dich in zwey und siebentzigmal hundert tausend Stücke zersplittern / daß du in einer See von deinem eignen Blut ersticken sollest. Io ho vinto l'inferno e tutti i Diavoli.

DARADIRIDATUMTARIDES. Jch will mehr Stücker von dir hauen / als Sternen ietzund an dem Himmel stehen / und will dich also tractiren daß das Blut von dir flüssen soll / biß die oberste Spitze des Kirchturmes darinnen versuncken.

HORRIBILICRIBRIFAX. Per non lasciar piu oltre passar qvesta superba arroganza, will ich die gantze Belägerung von Troja mit dir spielen.

DARADIRIDATUMTARIDES. Und ich die Zerstörung von Constantinopel.

HORRIBILICRIBRIFAX. Io spiro morte e furore, doch lasse ich dir noch so viel Zeit / befiehle deine Seele GOtt / und bete ein Vater unser!

DARADIRIDATUMTARIDES. Sprich einen Englischen Gruß und hiermit stirb.

HORRIBILICRIBRIFAX. Du wirst zum wenigsten die reputation in deinem Tode haben / daß du von dessen unüberwindlichen Faust gestorben / der den König in Schweden niedergeschossen.

DARADIRIDATUMTARIDES. Tröste dich mit dem / daß du durch dessen Hand hingerichtet wirst / der dem Tylli und Pappenheim den Rest gegeben.

HORRIBILICRIBRIFAX. So hab ich mein Schwerd ausgezogen in der Schlacht vor Lützen.

DARADIRIDATUMTARIDES. Morbleu, me voyla en colere! mort de ma vie! Je suis fasché par ma foy. So hab ich zur Wehre gegriffen in dem Treffen vor Nerglingen.

HORRIBILICRIBRIFAX. Eine solche positur machte ich in der letzten Niederlage vor Leipzig.

DARADIRIDATUMTARIDES. So lieff ich in dem Waal-Graben / als man Glogau hat einbekommen.

HORRIBILICRIBRIFAX. Ha! ha! Jst er nicht qvesto capitaino, mit dem ich Kugeln wechselte bey der Gula?

DARADIRIDATUMTARIDES. O! ist er nicht der jenige Signeur mit dem ich Brüderschafft machte zu Schlichtigheim?

HORRIBILICRIBRIFAX. Ha mon Signeur, mon Frere!

DARADIRIDATUMTARIDES. Ha Fradello mio illustrissimo!

HORRIBILICRIBRIFAX. Behüte GOtt / welch ein Unglück hätte bald geschehen sollen!

Have lots in common → knew each other in battles

Doesn't kill him → friends

DARADIRIDATUMTARIDES. Welch ein Blutvergiessen! *massacre &* strage, wenn wir einander nicht erkennet hätten!

HORRIBILICRIBRIFAX. Magnifici & Cortesi Heroi können leicht unwissend zusammen gerathen.

DARADIRIDATUMTARIDES. Les beaux Esprits lernen einander durch dergleichen rencontre erkennen.

Dionysius. Daradiridatumtarides. Horribilicribrifax.

DIONYSIUS. Welche Berenhäuter rasen hier für unsern Thüren? wisset ihr Holuncken nicht / daß man des Herren Stadthalters Pallast anders zu respectiren pfleget. Trollet euch von hier / oder ich lege euch beyden einen frischen Prügel um die Ohren.

HORRIBILICRIBRIFAX. Io rimango petrificato dalla meraviglia. Sol Capitain Horribilicribrifax dis leiden?

DARADIRIDATUMTARIDES. Sol Capitain von Donnerkeil sich also despectiren lassen?

HORRIBILICRIBRIFAX. Io mi levo il pugnale dal lato, der Herr Bruder leide es nicht!

DARADIRIDATUMTARIDES. Me Voila, der Herr Bruder greiffe zu der Wehre / ich folge. *He'll give him the honour of first attack*

HORRIBILICRIBRIFAX. Comminciate di gratia. Jch lasse dem Herren Bruder die Ehre des ersten Angriffs.

DARADIRIDATUMTARIDES. Mein Herr Bruder / ich verdiene die Ehre nicht / er gehe voran. Cest trop discourir: Commensez.

HORRIBILICRIBRIFAX. Ey der Herr Bruder fahre fort / er lasse sich nicht auffhalten. la necessita vuole.

DIONYSIUS. Heran / ihr Ertzberenhäuter / ich will euch die Haut sonder Seiffen und Balsam einschmieren.

HORRIBILICRIBRIFAX. Ha! Patrone mio qvesta supercheria è molta ingiusta.

DARADIRIDATUMTARIDES. O monsieur bey dem Element / er sihet mich vor einen Unrechten an.

HORRIBILICRIBRIFAX. Ey signore mio gratioso, ich bin signor Horribilicribrifax.

DIONYSIUS *nimt beyden die Degen und schlägt sie darmit um die Köpffe.* Auffschneider / Lügner / Berenhäuter / Bengel / Baurenschinder / Ertznarren / Cujonen.

DARADIRIDATUMTARIDES. Ey ey monsieur, basta qvesto pour istesso, es ist genung / der Kopff blutet mir.

HORRIBILICRIBRIFAX. Ey Ey Signor, Jch wuste nicht / daß der Stadthalter hier wohnete.

DIONYSIUS. Packet euch / oder ich will euch also zurichten / daß man euch mit Mistwagen soll von dem Platze führen.

Public shaming?

SEMPRONIUS. Οἴμοι παρανοίας ὡς ἐμαινόμην ἄρα. Porro Qvirites! Deum atqve hominum fidem egonè ita sum deceptus.

CYRILLA. Ja es heist nu Zepffe / es heist / hast du mich / so behalte mich.

SEMPRONIUS. Impura meretrix.

CYRILLA. Ja die Hure ist fix, wer hat mich darzu gemacht / als ihr? Jhr müst mich nun wieder redlich machen / oder der Hencker soll euch holen!

SEMPRONIUS. Ἀτταπατατά.

CYRILLA. Ey da! da!

SEMPRONIUS. Me miserum!

CYRILLA. Sehre hin sehre her.

SEMPRONIUS. Was rath nun! Qvid facio!

CYRILLA. Ein Patzen do. Nein / ich lasse mich so nicht abweisen.

SEMPRONIUS. Est aliàs dives vetula.

CYRILLA. Heist ihr mich die beste Fettel?

SEMPRONIUS. O du Hure!

CYRILLA. O du Schelm!

SEMPRONIUS. O du Kuppelhure! lena faeda!

CYRILLA. Wie Magdalenen? Du Ehbrecher!

SEMPRONIUS. Du Mägdehändlerin!

CYRILLA. Du Susannen Bube!

SEMPRONIUS. Du Teuffelsfettel!

CYRILLA. Du Teuffelsbanner!

SEMPRONIUS. Du Pileweissin!

CYRILLA. Du Hexenmeister!

SEMPRONIUS. Du Pulver Hure!

CYRILLA. Du Bley Schelme!

SEMPRONIUS. Du Excetra!

CYRILLA. Ja Zeter über dich!

SEMPRONIUS. Du Furia!

CYRILLA. Du Hurenjäger!

SEMPRONIUS. Du Erinnys.

CYRILLA. Ja darinn ists.

SEMPRONIUS. Jch wil dir die Haare aussreissen.

CYRILLA. Jch wil dir den Bart außrauffen.

SEMPRONIUS. Jch wil dir die Nase abbeissen.

CYRILLA. Jch wil dir die Augen außkratzen / und in die Löcher scheissen.

SEMPRONIUS. Jch wil dir den Ars an deine Zunge wischen.

CYRILLA. Jch wil dein Maul unter ein Scheißhaus nageln.

SEMPRONIUS. Der Hencker soll dir den Rücken mit Ruten abputzen.

CYRILLA. Der Hencker soll dir die Spinnweben mit Besen abkehren und den Bart mit dem breiten Messer scheren.

Sie fallen über einander und schlagen einander zum guten Tiegen ab.

SEMPRONIUS. O mein Bart!
CYRILLA. O mein Haar.
SEMPRONIUS. O mein Auge.
CYRILLA. O mein einig Zahn! vertragen wir uns lieber in der Güte mit einander!
SEMPRONIUS. Je meinethalben! was haben wir auch sonsten vor?
CYRILLA. Jch kan trefflich gebrand Wasser machen / und Zähn-Pulver verkauffen / und habe ein schön Stücklein Heller vor mich bracht.
SEMPRONIUS. Wolan / unsre Güter mögen gemein seyn! ihr müst mich aber hübsch halten / weil ich ein Gelehrter bin.
CYRILLA. Jch will euch alle Morgen eine warme Suppen kochen.
SEMPRONIUS. Hettet ihr das also bald gesaget / so hette es so vieler Weitläufftigkeiten nicht bedürffet.
CYRILLA. So gebet mir denn eure Hand drauff!
SEMPRONIUS. So sind wir vertragen. Sie erat in fatis!
CYRILLA. Ja in der Stadt ists. Kommet mit mir in mein Haus / ich will einen Notarigus holen lassen / der unsern Eh-contract auffsetzet / und uns / vor die Gebühr / ein in nominus macht.

Cleander. Bonosus. Eudoxia.
Palladius. Coelestina. Flaccilla. Sophia.

CLEANDER. Jch bitte / sie treten etwas hinter die Tapete / und hören unseren Reden mit Geduld zu! Dionysi ruffe die Jungfrau mit der Mutter herein.
SOPHIA. Wenn ich auffs wenigste die Freyheit zusterben erhalten kan / schätze ich mich glückselig / daß / in dem ich die Angst meines Lebens beschliesse / auch der Ehren die unbefleckte Seiden meiner Keuschheit mit der Purpur dieses Blutes zufärben / und / dadurch meine Auffrichtigkeit zu bezeugen / fähig worden.
CLEANDER. Jst dieses eure Tochter / meine Frau / welcher Schöne und Keuschheit ihr so sehr gerühmet?
SOPHIA *fället vor ihm auff die Knie.* Die unglückselige Schönheit / gnädiger Herr / ist diß eintzige / was mir / doch zu meinem Unglück / die Natur verliehen. Wenn sie mich und die Reinigkeit meines Gemüthes in Gefahr setzen soll / wündsche ich eher die weissen Brüste mit meinem eignen Blute zürröten / als ein durch Unehr beflecktes Gesicht / vor Euer Genaden auffzuheben. Jch bitte in diesen Schrancken in welchen mich Elend / Armuth und Gewalt dringet und herum treibet / Eure Genaden wolle mir dieses eintzige erhalten und beschüt-

66

Doesn't believe are tears & need are genuine.

zen helffen / was mir noch die euserste und recht Eiserne Noth nicht
abzwingen können / oder mitleidend gedulden / daß ich vor seinen
Füssen dem geängsteten Geiste den Weg durch diese Brüste öffne!
CLEANDER. Meinet ihr / daß wir euren verstelleten Thränen und
falschen Geberden so viel Glauben geben? Wir kennen der Weibes
Personen Art und wissen / wie heilig sie sich stellen / wenn sie ihre
Wahre hoch außbringen wollen. *know what women are like*
SOPHIA. Himmel / ende nun meine armselige Tage! bin ich noch
länger auff dieser Welt zu leben begierig / wenn ich Namen und Ehre
verlohren?
CLEANDER. Namen und Ehre sind eine Hand voll Wind / und werden
nicht gerühmet / als nur Scheines halber.
SOPHIA. O GOTT! ist es nicht genung / daß ich bey allen in Argwohn
gerathen bin; durch diese gewaltsame Hinwegführung? Muß noch
meine Unschuld von dem in Zweiffel gezogen werden / welcher von
allen für den kräfftigsten Beschützer elender und verlassener Waisen
gehalten wird? Gute Nacht Himmel! sey zum letzten mahl gegrüsset
Erde! Was verziehe ich weiter?

Takes out a knife to kill herself.

Sie holet aus mit einem blossen Messer. Cleander fället ihr in die Armen:
die andern kommen alle herzu gelauffen.

CLEANDER. Genung meine wertheste! Jhre Keuschheit hat wie ein
lauteres Gold durch eine so hefftige Anfechtung bewehret werden
müssen. Sie ist in diesen Hoff nicht durch Verlust der Ehren gedrungen
/ sondern durch ihre Tugend eingeführet / damit dieselbe nach so
langem Verdienst prächtiger gekrönet würde. Diese Haarlocken sind
es / welche uns gefangen; Doch die Keuschheit Sophiae hat diese
Bande fester zusammen gezogen / welche eine heilige Ehe zwischen
Mir und Jhr unaufflößlich verknüpffen soll. Dionysi, Thersander,
Pompei, Ptolomaee, bringet Kleider / Perlen und Demante / um meine
Schöneste also außzukleiden / wie ihre Tugend und unser Stand erfor-
dert / ob sie wohl mehr gezieret wird durch diese abgeschnittene
Haare / als durch alles Reichthum dieser Welt.
COELESTINA. Werthe Jungfrau Sophia. Jch wündsche zu dieser un-
verhofften Ehe und Ehre Jhr so viel Glücks / als dero keusche Tugend
verdienet / und schätze mich glückselig / in dem ich heute Jhre
Kundschafft erhalte / von Jhr / als dem vollkommenen Spiegel aller
Zucht / zu lernen / was uns allen anstehet.

Sophia. Wird von den Jungfrauen auffs prächtigste gekleidet. Jndessen
wünschen die andern einander allerseits Glücke.

CLEANDER. Dionysius, welcher diesem unsern Vorsatz bey sich die
Hand geboten / soll nicht sonder Lohn dieser Freude beiwohnen /

wenn Jungfrau Coelestina ihre Camillam ihm vermählen will / werden wir Mittel finden / sie beyde bester massen zu befördern; Und damit Horribilicribrifax und Daradiridatumtarides nicht alleine bey der allgemeinen Freude sich mit Schlägen / wie uns erzehlet / behelffen dürffen / wollen wir dem Daradiridatumtaride, doch mehr aus Mittleiden gegen die unglückselige Selenissam, das Commendo über die gvarnison in dem nechsten Flecken / dem Horribilicribrifax aber eine Corporalschafft Tragoner in der Vorstadt vertrauen. Lasset die Personen alle auff den Hoff fordern / und unterdessen die Heerpaucken und Trompeten erschallen!

Die Personen gehen alle ab / biß auff Florentin.

FLORENTIN. Hochzeiten über Hochzeiten! was werde ich Marcepan bekommen! Laß schauen / ich muß zehlen / wie viel es Heyrathen setze! Jch und Rosina, das ist die Erste; mein Herr und Coelestina, das ist die Ander; Camilla und Dionysius, das ist die Dritte. Bonosus und Eudoxia, das ist die Vierdte; der ungeheure Capitain mit dem Namen von sieben Meilen / und Selenissa, werden die fünffte halten; ja wol / es mangelt mir noch eine / ey ja! ja! der Stadthalter mit der fremden Jungfrau / das ist die Sechste. Wenn doch sieben wehren / so hätten wir eine gantze Woche voll Hochzeit! wolan! Capitain Horribilicribrifax mag unsre grosse / dicke / derbe / alte / vierschrötige / ungehobelte / trieffäugichte / spitznäsichte / schlüsseltragende Schleusserin nehmen / so ist die Reihe vollkommen. Jhr Herren / Jungfrauen und Frauen / wo euch Sophiae großmüthige Keuschheit / und Coelestinen beständige Anmuth / zuforderst aber Florentini (und der bin ich) hoher Verstand gefallen so kommet alle mit auff die Hochzeit / jener grosse weitmäulichte Baur der dort hinten stehet / mag wol zu Hause bleiben / Er möchte uns den Wein gar aussauffen / und alles auff fressen / daß die Braut selbst hungerig zu Bette gehen müste.

Der Auffzug wird beschlossen unter Trompeten und Heerpaucken mit einem Tantz / in welchem alle Personen / wie auch Sempronius mit seiner Cyrilla erscheinen.

Heyraths-Contract.

Herren Sempronii und Frauen Cyrille.
In Nomine Deorum Nuptialium & Fescenninorum.

KUnd und zu wissen sey hiemit iedweden / dem daran gelegen / daß
vor mir Romano Pompilio, *************** Notario, wie auch denen
darzu erbetenen Zeugen / des hochtieffgelehrten Herren Peter Sqvent-
zen, wohlbestellten Schulmeisters zur Rumpels-Kirchen / und Expec-
tanten des Pfarr-Amts daselbst / auch des weitvorsichtigen und
scharffschleiffenden Herren Poppii, Narrenfressers / breitberühmten
Glaßschleiffers und Brüllenmachers; Des durchsichtigen Herren
Cuntzen von Tadelmuth / Birnen Beckers und groß Pflaumen Händlers;
des Hochgedencklichen Herren Rodomont, von und auff Fensterloch
/ Erbrichtern zu Mist-statt; heute den 30. Februarii, dieses tausend
sechshundert acht und viertzigsten Jahres / wesentlich erschienen /
der Weltberühmte und überall beschriene Herr Sempronius von Wetterleuchten / und Semperheim / Oberster Inspector der Calfacterey zu
Hinderlocheshausen / Mitregent des Collegii zu Bitterlingen / Verwalter
des Zoll-Amts zu Blitzloch / und designireter Vice Stadt-Schreiber des
Königlichen Fleckens Schitstroh / nebest der Wohl Erbahren / wolge-
achteten und Gestrengen Frauen Cyrilla, Sidonia, Procopia, Sergii
Schlirenschlaffes von Körbentragen hinterlassener Wittib / welche sich
beiderseits für mir obengemeldeten in meinem Gemach /welches lieget
in dem hinter Hause / gegen dem Garten / welche an die Fortzeymer
Gassen anstösset / wo man gegen der lincken Seiten zu der rechten
Hand hinein gehet / angegeben / daß sie ************ sich in ein festes
Eheverbündnüß mit einander eingelassen / mit allen denen solenniteten,
ceremonien und Gebräuchen / welche in dergleichen Fällen de jure
oder consvetudine üblich / auch einer Morgengabe von siebentausend
Doppel-Ducaten / welche Herren Sempronio baar außgezahlet werden
sollen / wann sie verhanden / und die ihm in seinen Nutzen anzuwen-
den / hiermit übergeben / mit außdrücklicher Bedingung / daß wo
Herr Sempronius vor Frauen Cyrilla sonder Leibes-Erben Todes erblei-
chen solte / welches doch nicht geschehen wolle / gedachte Frau Cyrilla
vierzehntausend zuvorgedachter Sorte doppel-Ducaten eines Schlages
/ zuvor aus seiner Verlassenschafft bekomme / das übrige Vermögen
aber soll an Herren Sempronii hinterlassene Blutsverwandten devolviret
werden. Doch also / daß Frau Cyrilla wiederum mit denselben zu
gleichem Theile gehe. Dafern aber aus solcher Ehe Kinder erfolgen /
welche beiderseits wündschen / wird sich Frau Cyrilla mit ihrem ge-
bührenden legitimo vergnügen lassen / welcher hergegen statt Leibge-
dinges Herr Sempronius ein Fuhrwerck an der OstSeiten der Neustadt
/ zwischen Marcus Pluncken Fidelbogen-Macher / und Jhr gestrengter
Herren / Herren Narrenkopff von Fliegenheim Gütern gelegen / hiermit

kräfftiglich verschreibet / nebest Jährlichen Renten von Zwölfftausend Reißthalern / welche bey einer Erbahren Zunfft der Löffel- und Flechten-Macher stehen / wie denn auch sechs Packentrögen von fichtenem Holtze / unter welchen einer etwas abgenützet. Allen seinen Kleidern / wie er die in fremden Landen und zu Hause / auff Fest- und Werckeltagen / zu Ehren / und sonsten getragen / nebest seinem alten Schlepchen von Corduan / einen Paar neuen / und einen Paar alten Pantoffeln und einem Badehütlin von Stroh mit Muscaten gezieret; und noch über diß eine blecherne Laterne mit etwas verbrannten Horne / eine Brille / zwey Brillen Futter /einen Nachtstul mit einer zubrochenen Scherben / und den besten aus seinen höltzernen Hänge-leuchtern / mit noch sechs Schock Schwefel-Liechtern / und einem ledigen Feuerzeug. Doch also / und mit nachfolgenden conditionen: Daß erstlich Frau Cyrilla Herren Sempronio ihrem erkohrnen Eheschatz / jedweden Abend mit einem Bette-Wermer von Zien auffwarte / des Nachtes ihn fein trocken lege / ihm die abgefallenen Bette sonder Murren wiederlange / die Schlaff-Hau ben wol auffsetze / des Morgens aber eine warme Suppen / oder nach Jahres Gelegenheit eingemachte confituren präsentire, die Haare und den Bart wol außkämme / die Nasen wische / ein reines Schnuptuch an den Gürtel henge / und vier Stück Papier seiner Nothdurfft nach zugebrauchen / in die Hosen stecke; Weiter begehret auch Herr Sempronius, daß sie die Speisen fertig / sauber und warm auff den Tisch bringe / den Wein nicht mit Wasser verfälsche / kein Kühefleisch für Ochsenfleisch aufftrage / und seine zwey Tischgänger und Mittesser / Perlichen von Braband das weisse Hündlein / und Mirmex Mauer von Müntzen Schloß / seinen schwartzen Kater / freundlich halte; den Vogeln / so in seiner Studier-stuben / alle Morgen frisch Wasser einschencken lasse; und sich im übrigen aller Koplerey / Briefftragerey / Salbenkrämerey / als die ihrem Stande nun nicht mehr anstendig / gäntzlich enthalten / und als einer fürnehmen Mannes Frauen gebühret / verhalten solte. Jm wiedrigen Falle solle das Frauen Cyrillae vermachte Gut /de facto verfallen / und der wohl Erbahren Zunfft der Brieff-Mahler / und Qvem Pastores Schreiber zugewendet werden. Hergegen wird sich Herr Sempronius dahin befleissen / daß er fein deutlich und Deutsch ihr seine Meynung entdecke / und aller frembden Wörter sich enthalte / biß sie Frau Cy-rilla zuvor gründlich von ihm in dem Demosthenes und M.T. Cicero unterwiesen. Solte sie Frau Cyrilla aber ingleichen / wie wir alle sterblich / für ihm ohne Eh-Segen dahin gehen / wird Herr Sempronius, seinem hohen Verstande nach / schon wissen mit allen zuhandeln / und der Sachen abzuhelffen. Diesen ihren Heyraths-Contract habe ich unten geschriebener ★★★★★★★★★★★★ nach empfangener Gewalt extendendi publicum Instrumentum vel Instrumenta, ad consilium sapientis, & in omni meliore modo &c. post renunciationem &c. privilegiorum omnium, qvae faciunt ad favorem dominarum &c. auffgesetzet / und

70

mit meiner Hand und auffgedrucktem Notariat Signet bekräfftiget. Actum wie suprà.

I.

Herr Sempronius von Wetterleuchten / dessen Wappen ein gevierdter Schild / in dessen erstem Felde eine Fama mit Trompeten / in dem andern ein Leuchter auff drey Dintenfässern stehen /in dem dritten zwey Fecht-Degen Creutzweisig übereinander / durch welche ein Morgenstern / der gar zubrochen / wie ihn die Clauditchen zu Leipzig führen; Jn dem vierdten / ein Wagen mit 6. Rossen und auff demselben Herr Sempronius selbst / und in der perspective seiner Vorwercke / zu oberst ist ein offener Helm / auff demselben drey Hahnschwäntze / und zwischen denen die drey Köpffe des höllischen Cerberi, welche Feuer speien.

II.

Frau Cyrillae Sidoniae Procopiae, erbetener Curator, Herr Fortius von Seiffkesselmacherheim / in dessen Wappen ein Doppelter Schild /und zwar in dem rechten eine Salbenbüchse auff drey Todten Köpffen / darauff eine Fledermauß / zur lincken aber ein altes Weib auff einem Bocke / zu oberst ein offener Helm / auff demselben ein Katzenkopff mit offenem Maule / aus dessen Munde eine Kinder Hand hanget.

III.

Peter Sqventz, dessen Signet ein gevierdter Schild / in dessen rechten Oberfelde ein Thurm mit einer Glocken / welche Herr Sqventz zeucht / in dem Lincken aber zwey Ruten Creutzweis übereinander /und in der mitten ein Cantorstecken; in dem untersten Felde zur rechten ist ein Schauplatz / auff welchem Piramus und Thisbe, zu der Lincken aber ein Repositorium voll Bücher.

IV.

Poppius Narrenfresser; sein Signet ist ein Affen-Kopff / in dessen auffgesperretem Schlund ein Schiff voll Narren fähret.

V.

Cuntz von Tadelmuth / sein Wappen ist ein Kopff / dessen Maul nach seiner Nasen beist. Auff dem mit Schlangen-Zungen gekröneten Helm liegen drey in einander gewundene Nattern.

VI.

Rodomont von Fensterloch. Dessen Schild fünfffach. Jn dem mitlern Felde sind 3. Carthaunen; in dem rechten ein Spies voll gebratener Lerchen: in dem Lincken ein Lachskopff: unterst in dem rechten / zwey übereinander geschrenckte Fahnen /durch welche eine Partisane gehet: in dem lincken ein Paar Heerpaucken mit aller Zugehör. Auff dem einen Helm sitzet ein Affe / welcher mit einem Pistol nach einem auff dem andern Helm sitzenden Kater zielet /welcher sich stellet als wolte er den Schuß mit einem blossen Sebel pariren.

VII.

Romanus Pompilius, dessen Signet ist ein Esel mit einer Schreibfeder in der einen / und einen Dintenfaß in der andern Klauen.

Turpe est, difficiles habere nugas.

Biographie

1616
2. Oktober: Andreas Gryphius (eigentlich Greif) wird im protestantischen Glogau als Sohn eines evangelischen Archidiakons geboren.

1621
Der Vater Paul stirbt.
Gryphius besucht das Glogauer Gymnasium.

1631
Wechsel auf das Gymnasium in Görlitz.

1632
3. Juni: Gryphius wechselt erneut die Schule und besucht das Gymnasium von Fraustadt. Durch Schulreden und als Schauspieler auf der Schulbühne macht er auf sich aufmerksam.

1633
Seine erste lateinische Dichtung entsteht.

1634
Er schreibt sich am Akademischen Gymnasium in Danzig ein.
Gryphius' Mäzen Georg von Schönborn verleiht ihm Adelstitel und Magisterwürde und krönt ihn zum Poeten.

1636
Gryphius wird Hauslehrer beim Hofpfalzgrafen Georg Schönborner in Schönborn bei Freistadt.

1638–1644
Gryphius hält an der Universität Leiden Vorlesungen und lernt im Hochschulbetrieb herausragende Gelehrte wie etwa den Philologen und Juristen Salmasius kennen.

1649
Januar: Er heiratet Rosina Deutschländer.
Berufungen als Professor nach Frankfurt/Oder, Uppsala und Heidelberg lehnt er ab.

1650
Gryphius wird Jurist bei den Glogauer Ständen. In Glogau entstehen auch die meisten seiner Trauer- und »Freuden«-Spiele. Zudem überarbeitet er seine dichterischen Texte für Sammelausgaben.

1662
Gryphius wird mit dem Beinamen »Der Unsterbliche« in die Frucht-bringende Gesellschaft aufgenommen.
1664
16. Juli: Gryphius stirbt in Glogau.